# 전능자의 은혜

# 전능자의 은혜

**초판 발행**  2018년 12월 8일

**지 은 이**  김영철
**펴 낸 곳**  코람데오
**등    록**  제300-2009-169호
**주    소**  서울시 종로구 세종대로 23길 54, 1006호
**전    화**  02)2264-3650, 010-5415-3650
          FAX. 02)2264-3652
E-mail  soho3650@naver.com

ISBN | 978-89-97456-68-0  03230

값  12,000원

# 전능자의 은혜

진심을 담은 대표 기도문들과 신앙 단상,

은혜 안에 걸어온 감사의 삶, 그 고백!

김영철 지음

코람데오

시작하는 글

　나는 금년 연말에 교회의 시무장로를 은퇴하게 되는데, 장로는 교회의 교인들과 같이 교회를 섬기는 일을 담당하며 교회에서 행하는 선교, 봉사, 교육 등의 부분에서 교인들을 리드하는 역할(일반 사회적인 표현을 빌리면)을 감당한다. 그중에 중요한 부분 중 하나는 공예배 시 대표 기도를 담당하는 부분이다.

　금년 초부터 은퇴에 대한 마음 준비를 하면서 그간의 자료를 정리하다 보니 지난 30여 년간 예배를 드릴 때 내가 감당했던 대표 기도문과 교회에서 했던 특강 등의 자료가 수백 장이 보관되어 있음을 알게 되었다.

　나는 상당 기간 고민을 하였다. 그 기록들을 버리자니 내가 정성을 다해 준비했던 부분이 생각나 그냥 버리기가 아쉬웠고, 또 그 많은 자료들을 계속 보관하자니 그 역시 간단한 일이 아님을 깨닫게 된 것이다. 하지만 내가 30여 년간 모아 놓은 기도문과 특강 자료를 정리해 자식들에게 남겨 줄 수 있다면 우리 아이들이 아버지가 어떤 길을 걸어 왔는지 알 수 있을 것이고, 자녀들이 부모의 삶을 기억하는 것도 나쁘지 않겠다는 생각이 들어서 어떤 방법이 좋을지 고민하다가 친지들의 권유로 책을 내기로 마음을 먹었다.

솔직히 말해 나는 내가 책을 내리라고는 꿈에도 생각해 본 적이 없었다. 그래서 내 생에 처음 내보는 책에 대한 설렘과 두려움이 교차한다.

출판사 측에서 내가 이미 기록해 놓은 기도문과 소소한 단상들 외에 내가 걸어온 삶도 함께 엮는 것이 좋겠다고 권유해 예배 시간에 '내가 하나님께 드렸던 기도문'과 단상들, 그리고 '내가 걸어온 삶'을 정리해 한 권의 책으로 내게 되었다.

나는 지난 수 개월간 나의 유년 시절과 내가 걸어온 70년의 생을 기억하면서 나의 삶을 한 번 반추해 보는 좋은 시간을 가진 셈이다. 참으로 감사하게도 이번 기회를 통해 하나님께서 우리 가정과 나에게 얼마나 큰 축복을 주셨는지 다시 한 번 깨닫게 되었다. 나는 내 계획에 의해 내 일생을 살아온 것으로 생각했지만 오늘 내가 여기까지 올 수 있었음은 온전히 하나님의 변함없는 사랑과 은혜였음을 깨닫고 하나님께 깊은 감사를 드리는 참으로 좋은 기회였음을 고백한다.

나는 일상생활에 분주해 하나님께 대한 감사를 잊고 지낸 적이 수없이 많았지만 하나님은 한 순간도 나를 떠나지 않으셨고 항상 나와 동행해 주셨으며 때를 따라 돕는 은혜를 베풀어주셨다. 또한 언제나 나를 선한 길로 인도해 주셨다. 한량없는 주님의 은혜에 깊은 감사를 드리는 시간을 가짐을 다시 한 번 감사한다.

뿐만 아니라 이번 기회를 통해 부모님이 우리에게 베푸신 한 없이 넓고 크신 사랑이 다시 생각나 나는 이 글을 쓰면서 부모님의 깊은 사랑을 기억하며 부모님의 사랑에 만 분의 일도 보답하지 못한 나의 불효에 여러 번 눈물을 흘렸다. 또한 이 졸필을 준비하는 기간이 가족의 소중함을 또다시 느끼게 되는 참으로 소중한 시간이 되었으므로 내게는 너무나 감사한 시간의 연속이었다.

이번 기회를 통해 나에게 또 한 가지 유익했던 부분이 있다면, 이후로 나에게 주어진 귀한 시간을 하나님과 이웃을 위해 어떻게 더 보람되고 가치 있게 사용할지를 생각하고 준비하는 좋은 시간이었다. 주님께서 우리를 사랑하시어 자신의 모든 것을 버리시고 희생하신 것처럼 우리도 주님이 우리에게 주신 귀한 시간을 나 자신만을 위해 쓰기보다는 주님이 원하시는 이웃 사랑과 주님의 뜻을 실천하는 일에 매진해야 하며 이는 내가 항상 기억하고 잊지 말아야 할 아주 소중한 부분임을 깨닫는다. 책을 낼 준비를 하는 동안 주님의 말씀을 더 깊이 묵상하며 그분을 기쁘시게 하는 일에 나의 시간과 정성을 더 쏟고 전능자이신 우리 주님께 더 가까이 가는 기회를 가졌음을 다시 한 번 감사한다.

나는 주님의 뜻대로 살려고 나름대로 노력했지만 부족한 인간이라 나의 삶 속에는 주님이 보시기에 부끄러운 부분이 수없이 많음을 인정하며, 내가 전능자이신 우리 주님께 올려드린 나의 모든 기도는 주님을 향한 나의 솔직하고 꾸밈없는 마음이었음을 고백한다.

지면을 통해 지난 40여 년간 성민교회에서 함께 신앙생활을 해온 모든 성도님께 깊은 감사의 마음을 전하고 싶다. 그리고 성민교회가 민족의 복음화와 세계 선교의 비전을 가지고 지금까지 달려올 수 있도록 함께 수고하신 성민교회를 사역하신 모든 교역자 분들께도 깊은 감사의 마음을 전한다.

무엇보다 감사한 것-나는 많이 부족했지만-은 지난 30여 년간 성민교회의 장로 직분을 무사히 마치고 이제는 기쁘고 감사한 마음으로 은퇴할 수 있도록 지속적인 기도와 격려를 해준 사랑하는 아내 최예랑 권사와 사랑하는 두 딸 경희, 경미, 그리고 나의 든든한 힘이 되어 준 형제들에게도 한없는 사랑과 신뢰를 전한다.

2018년 11월 어느 늦가을 사무실에서
하나님이 베푸신 사랑을 다시 한 번 느끼며

# CONTENTS

# CONTENTS

## PART **2** 단상(短想) 등

# CONTENTS

## Part 1

# 전능자께 드린
# 나의 기도

대표 기도문

# 내 일생의 인도자 되시는 하나님

나의 좋은 친구가 되시며
내 일생의 인도자가 되시는 사랑의 하나님!
지난 한 주간도 주님 은총의 날개 아래 우리 모두를 보호해 주시다가
이렇게 아름답고 복된 주의 날을 허락하시어
우리가 세상의 길로 가지 않고
찬양 예배로 주님께 영광을 돌릴 수 있도록
우리들의 발걸음을 주님 앞으로 인도해 주심을 감사드립니다.

주님은 항상 우리가 바른길 가기를 원하시지만
나의 생활을 돌이켜 보면 하나님의 자녀답게 살지 못하고
내 뜻대로 자행자지하며 여전히 육체의 소욕과 세상의 자랑과
안목의 자랑으로 살았으며
정직하지 못한 생활과 교만한 마음으로 살았습니다.

하나님의 사랑을 실천하지 못하고 나보다 못한 사람을 무시하였으며
알면서도 많은 죄를 지었음을 고백하고 회개하오니
예수 그리스도의 보혈의 공로로 나의 모든 죄와 잘못을
깨끗이 용서받기를 원합니다.

사랑의 주님!
우리가 세상 살 동안 세상의 헛된 명예와 권세와 물질만을
의지 않게 하시며 나 자신의 조그마한 재능도 의지 않게 하시어
주님께 나의 모든 것을 맡기고 의지하게 하옵소서.

내 뜻을 허탄한 곳에 두지 말게 하시고
잠시 왔다 가는 세상일에만 얽매이지 않게 하시며
내가 가야 할 영원한 나의 집, 주님이 예비하신 하늘나라에
소망을 두게 하옵소서.

주님이 우리를 사랑하신 것 같이 내가 주님을 사랑하게 하시고
내 이웃의 기쁨과 슬픔을 함께 나누며
진심으로 그들을 사랑하는 참 그리스도인이 되기를 원합니다.

바라옵건대 내 마음에 그리스도의 영이 나의 모든 생각과 행위를
온전히 주장하시어 깨끗하고 성결한 삶을 살다가
주님이 재림 주로 이 세상에 다시 오실 때
공중에서 주님을 맞이하는 휴거 성도의 반열에

들이가게 하옵소시.

사랑의 하나님!
우리 사회가 도덕의 타락과 사회 풍조의 만연과
과다한 노사분규와 서로 간의 사랑의 결핍으로
국가적인 난국에 처해 있으며
정치력의 부재로 국가와 사회 질서 또한 혼돈되어
국가가 위기에 처해 있습니다.
이 일은 우선 나 자신이
하나님 앞에 바로 서지 못함 때문이라 생각합니다.
우리가 모든 잘못을 남에게만 전가하고
서로 미워하고 비방하여 하나 되지 못하면
모두가 함께 망할 수밖에 없습니다.
간절한 마음으로 비오니 자기 생각과 행위를 반성하게 하시고
내가 상대방의 잘못을 용서하고 이해하고 덮어주며 서로 사랑하여
하나님의 사랑 안에서 우리가 하나 되게 하시며
이 난국을 맞이하여 좌절하거나 낙심치 말게 하시고
위로는 하나님의 도우심과 우리의 간절한 기도로
이 민족이 재도약하여 마지막 때
복음 선교의 사명을 잘 감당하는 국가로 승화되게 하옵소서.

주님, 내일부터 4일간 춘계 심령 대부흥회를 가지고자
기도로 준비하였습니다.

보내실 주의 종에게 성령의 충만함을 주시고
이번 성회를 통해 나 자신이 주님 앞에 더욱 낮아지고
성결해지기를 원하며 성령의 충만함을 받아 변화받고 세상에 나가
빛과 소금의 직분을 다하게 하시며
성민교회가 사랑과 말씀이 넘치는 교회로 부흥케 하시고
이 민족의 복음화와 세계 선교의 사명을 감당하는 교회로
삼아주옵소서.

주님, 교육 시설이 부족하여 다음달부터
교육관을 증축하고자 합니다.
주님께서 이 모든 계획에 축복하시고 관여하시어
예정대로 진행되게 하시며 어려움이 없도록 물질도 허락하시고
우리가 기도와 정성으로
아름다운 성전을 주님께 드릴 수 있도록 하옵소서.

이 시간에도 주님이 사랑하시는 당회장 신 목사님을
단 위에 세우셨으니 감사합니다.
주의 종에게 말씀의 권능을 허락하시어
그 말씀을 통해 우리가 은혜받게 하시고
특히 오늘 처음으로 교회에 나오신 분들이
목사님의 말씀을 들을 때 그들의 마음 문을 열게 하시어
자신의 죄를 회개하며 그들의 심령이 변화되어
예수 그리스도를 개인과 가정의 구주로 영접하고

하나님의 지녀기 되는 놀라운 축복을 반게 하옵소서.

주님, 이 시간도 주님의 말씀을 사모하여 모였습니다.
약속하신 대로 성령을 물 붓듯 부어주시고
주님이 우리 한 사람 한 사람을 찾아와 만나주시고
주님의 음성을 듣는 기쁨의 시간 되게 하옵소서.

이 예배를 통해 주님 홀로 영광 거두시길 비오며
이 부족한 기도를 항상 우리를 사랑하시는
예수 그리스도 이름으로 감사하며 기도드립니다.

아멘!

-1990. 05. 20.

# 자비로우시고 사랑이 충만하신 하나님 아버지

자비로우시고 사랑이 충만하신 나의 하나님 아버지,
죄와 허물로 인하여 버림받아 마땅한 우리를 위해
십자가 위에서 보혈을 흘리시고 그 보혈의 공로로 부족한 나를
하나님의 자녀로 택해 주심을 생각할 때 무한 감사를 드립니다.

또한 지난 한 주간도 변함없는 당신의 사랑을 베풀어주시다가
거룩하고 복된 주의 날을 허락하시어
세상에서 더러워진 우리를 주님 전에 불러주시어
신령과 진정으로 예배케 하신 은총을 진심으로 감사드립니다.

내가 세상에 나가 살 동안 내가 행했던 나의 행실과
마음에 품었던 생각이나 내 입을 통해 말했던
모든 것을 돌이켜 보면

참으로 주님 앞에 부끄러움뿐임을 고백합니다.

여전히 인간적인 자랑과 교만한 행실로
주님 앞에 겸손치 못했으며
어려운 이웃에게 사랑을 베풀기보다 그들의 마음을 아프게 하고
믿지 않는 자들에게 하나님의 자녀로서 믿음의 본을 보이지 못하고
그들을 행여 실족케 한 적은 없었는지 두렵습니다.
내가 모르는 채 지은 죄나 알고도 지은 모든 죄를
주님의 보혈로 깨끗이 씻음받고 용서받기를 원합니다.

주님, 간절한 마음으로 비오니
주님이 내 생각이나 행실과 마음의 품은 뜻까지도
온전히 주장해 주시기를 바랍니다.
내 속에 깨끗하고 정한 마음을 주시고
내 영이 온전히 하나님을 향하며
나의 생활이 하나님과 사람 앞에 성결한 경지에 이르도록
나를 변화시켜 주옵소서.

우리가 각자의 처소에서 하나님의 자녀로서
빛 가운데 행하며 그리스도의 향기를 발하게 하옵소서.

주님, 지금 우리는 참으로 어려운 가운데 있나이다.
중동에서는 전쟁으로 많은 사람이 고통을 당하고 있으며

국내적으로는 수서지구 사건으로 인하여
위정자들이 국민에게 지탄을 받고 실망을 사고 있습니다.
또한 국민의 도덕성 타락으로 사회 각 처소가 부패해 가고 있으며
경제 문제로 어려움을 당하고 있는 이웃이 많이 있습니다.
특히 우리 모두의 마음에 사랑이 식어
자기만을 사랑하고 물질을 숭상하는 세기말적인
상황을 접하고 있는 것과도 같습니다.

이런 일련의 사태를 볼 때 우선 나 자신이 하나님 앞에
바로 서지 못했고 나의 신앙 상태가 믿음의 자녀로서
사명을 감당치 못했고 또한 나의 기도가 부족했음을 고백합니다.
우리가 세상만을 바라보며 범죄하거나 실족치 말게 하시고
영원한 하늘나라의 소망으로 가득 차게 하옵소서.

주님, 간절한 마음으로 비옵기는
우리 모두가 거짓 영과 거짓 선지자의 유혹에
빠지지 않도록 영적인 분별력을 주시고
사탄의 어떠한 유혹에도 넘어가지 않고
끝까지 주님의 말씀에 의지하여
성결하고 깨끗한 승리의 생활을 하다가
주께서 호령과 천사장의 소리와 하나님의 나팔소리로
친히 강림하실 때 어엿하게 공중에서
주님을 영접하는 휴거 성도의 반열에 들어가게 하옵소서.

주님의 사역을 위해 몸 마쳐 수고하시는
당회장 신 목사님과 부목사님, 전도사님들에게
성령의 권능을 주시고 건강도 책임져 주셔서
주의 일을 잘 감당케 하시며
주님으로부터 칭찬받는 신실한 종이 되게 하옵소서.

하나님을 찬양하는 성가대를 축복하시어
그들의 찬양을 통해 주님 영광받으시고
성도님들에게 큰 은혜 끼치는 아름다운 찬양되게 하옵소서.

주께서 귀히 쓰시는 당회장 신 목사님을
단 위에 세우셨으니 감사합니다.
주의 종에게 성령의 두루마기를 입혀 주시고
말씀의 권세를 허락하시어 그 말씀 말씀이
더러워진 우리의 심령을 깨끗케 하고
우리에게 영적인 각성과 새로운 영력을
주시는 말씀이 되게 하옵소서.

이 예배를 통해 우리는 주님을 만나 뵈옵고
주님은 홀로 영광받으시길 비오며 이 부족한 기도를
우리와 함께하시는 예수님 이름으로 기도드립니다.

아멘!                                    −1991. 02. 24.

# 변함없으신 사랑의 하나님

하나님 아버지!
주님께서는 올해도 변함없으신 사랑으로 우리와 함께해 주시고
좋은 일기와 풍성한 수확을 주시어 우리에게 부족함이 없도록
축복해 주신 은혜를 감사드립니다.

세상에는 아직 헐벗고 굶주림에 고통을 당하는 나라가
수없이 많이 있으나 우리는 주님의 자녀이기에
이처럼 주님이 특별한 은총을 주신 줄 알고 감사합니다.

지난 한 주간, 광야와 같은 세상에 살 동안도
당신의 불꽃 같으신 눈동자로 지켜주시고
오늘 복된 주의 날을 허락하시어
사랑하는 성민의 성도들을 이 아름다운 주의 전에 불러주셔서

우리기 신령과 진정으로 예배드릴 수 있도록 축복하신
주님의 사랑에 감사드립니다.

하나님께서는 어제나 오늘이나 동일한 사랑으로 함께해 주시며
우리가 항상 주님 뜻대로 살기를 원하시지만
주님 앞에 선 나의 모습을 보면
항상 부족함과 부끄러움뿐임을 고백합니다.

내가 진심으로 주님을 얼마나 사랑했는지요.
내가 진정으로 주위의 어려운 이웃에게 얼마나 당신의 사랑을
베풀었는지요.
내가 죽어가는 영혼을 주님 앞으로 인도하는 일에
얼마나 정성을 쏟았는지요.
주님 중심으로 살지 못하고 내 중심으로 살았으며
세상 것에 더 소망을 두어
주님처럼 성결치 못하고 죄와 더불어 살았음을 주님 앞에 고백합니다.
간절히 비오니 머리 들기 전에 내가 알고 모르고 지은 모든 죄와 허물을
당신의 보혈로 깨끗이 씻음받기를 원합니다.

바라옵기는
주님처럼 죄와 마귀와의 싸움에서 항상 이기게 하시며
동이 서에서 먼 것처럼 내가 죄와는 상관없는
성결하고 깨끗한 삶을 살길 원합니다.

우리 모두에게 담대한 믿음을 주시어 세상을 이기고
다시는 종의 멍에를 메지 않고 주님이 승리하신 것처럼
우리도 승리의 삶을 살게 하옵소서.

주님, 우리는 사랑이 메마른 시대에 살고 있습니다.
내가 나만을 사랑하며 내 가족만 사랑하는 이기적인 삶에서 벗어나
진정 내 이웃과 사랑을 나누며 각자의 처소에서
그리스도의 향기를 발하는 빛된 삶을 살게 하옵소서.

주님, 다음 달에는 대통령 선거가 있습니다.
바라옵기는
주님을 경외하며 이 민족을 바른길로 이끌 수 있는
능력과 신념과 믿음을 가진 지도자를 대통령으로 선출케 하시되
다윗처럼 주님의 마음에 합한 자를 주님이 택해 주시옵소서.

주님이 성민교회를 축복하시어 15년의 짧은 기간 내
이처럼 부흥시켜 주신 사랑에 감사드립니다.
바라옵기는
이 제단이 말씀과 은혜와 사랑이 넘치는 복된 제단이 되게 하시며
전도와 선교에 앞장서는 교회가 되게 하옵소서.

이제 주님의 자녀들로 이 전이 차고 넘쳐 새로운 성전을 건축하고자
기도로 준비하고 있으니 우리 모두에게 더욱 큰 비전과

궁정적인 믿음을 주시의 5천 명 이상을 수용할 수 있는
아름다운 성전을 주님께 드릴 수 있도록
우리 교회와 교인을 축복해 주시옵소서.

주님, 곧 고3, 중3 학생들의 입시가 있습니다.
수험생들이 끝까지 최선을 다할 수 있도록
그들에게 믿음과 능력을 주시고
믿음의 자녀들이 세상에서 부끄러움을 당하지 않고
주님의 영광을 나타낼 수 있도록 붙잡아 주시고 축복하옵소서.

이 시간도 주의 복음을 들고 미국 선교 여행 중이신
당회장 신 목사님을 기억하시고
주님의 장중에 붙잡아 주시옵소서.

오늘도 주님의 영광을 찬양하는 시온 성가대가 섰으니 축복하옵소서.
대장님 이하 모든 대원에게 더욱 큰 믿음을 주시고
성령의 충만함을 주시어
영혼 깊은 곳에서 드리는 믿음의 찬양이 되게 하옵시며
이 찬양이 진정으로 주님을 기쁘게 해드리는 찬양되게 하시고
우리 모두의 심령의 고백이 되게 하옵소서.

당신이 귀하게 쓰시는 강호 목사님을
오늘도 단 위에 세우셨으니 감사합니다.

주의 종에게 말씀의 권세를 주시고 성령으로 덧입히사
우리 모두에게 꼭 필요한 말씀을 선포하게 하옵소서.

이 예배를 통해 주님은 영광받으시고
우리 모두는 주님의 음성을 들으며
주님을 만나는 기쁨의 시간이 되게 하옵소서.
이 모든 말씀을 우리를 사랑하시는 예수님 이름으로 기도드립니다.

아멘!

−1992. 11. 08.

# 귀한 자녀로 택해 주신 하나님

하나님 아버지!
부족하고 연약한 저희를 당신의 귀한 자녀로 택해 주시어
크신 은혜와 사랑을 베풀어주시니 감사합니다.

지난 한 주간도 변함없는 당신의 사랑으로 함께해 주시고
오늘 복된 주의 날을 허락하시어 사랑하는 성민의 성도님들이
이 아름다운 하나님 전에 나와 당신께 예배드릴 수 있도록
축복해 주시니 감사합니다.

주님께 또한 감사하옵기는
우리에게 아름다운 조국을 주시고
좋은 부모님과 훌륭한 목사님도 주시고
건강도 주시어

열심히 일할 수 있도록 복 주셨으니 감사합니다.
무엇보다 당신을 아버지라 부를 수 있는 특권을 주시고
우리에게 영원한 하늘나라의 소망과 믿음을 주시어
당신을 의지하고 믿고 따르게 하시니 감사합니다.

하오나 우리는 당신의 사랑을 잊어버리고 감사와 기도가 부족했고
당신의 자녀로서 부끄러운 생각과 행동을 한 적도 많았으며
주님 영광 가린 적이 많았음을 고백합니다.
알면서 지은 죄도 많았으며 모르는 가운데 지은 죄도 많았습니다.
이 시간 주님 앞에 나의 죄와 잘못과 허물을
당신의 보혈의 공로로 깨끗이 용서받기를 원합니다.

바라옵기는
당신이 나를 사랑하신 것처럼
내가 당신을 사랑하고 내가 받은 사랑을
내 형제와 이웃에게 베풀게 하소서.
말과 혀로서 하는 사랑이 아니라 진실한 행동으로 사랑하게 하소서.
나의 인품이 주님을 닮게 하시고 죄와는 상관없는 깨끗하고
주님과 함께 승리하는 생활을 하길 원합니다.

당신께 감사하옵기는
17년 전 성민의 제단을 세우시고 해마다 부흥케 하시니 감사합니다.
이 민족의 복음화와 세계 선교의 비전을 주시어

신 목사님의 부흥 사역과 많은 선교사를 파송하고
미자립교회를 도우며 영혼 구원 사업에 정진케 하시니 감사합니다.
앞으로 더 많은 선교사를 파송하며 복음 사업에 더욱 정진케 하옵소서.

당신께 특별히 감사하옵기는
새로운 성전을 건축할 수 있는 비전을 주시니 감사합니다.
새 성전의 건축은 주님이 기뻐하시는 일이요,
우리가 필히 이루어야 할 사업이니 한 사람도 부정적인 생각이나
안 된다는 마음이나 비판적인 마음을 갖지 않게 하소서.
할 수 있다는 긍정적인 믿음을 주시고
모든 성도님이 뜻과 정성과 기도를 모으며 또한 물질도 드려서
전 교인이 동참케 하옵소서.

성전 건축에 참여하는 자가 받는 축복을
주님이 넘치도록 부어주시옵소서.
이는 힘으로, 능으로만 가능한 일이 아니요,
주님의 도우심으로 이루어질 줄 믿사오니
주님이 친히 이 일을 주관하시어
새 성전이 속히 이루어지게 하옵소서.

주님, 다음 주부터 전 교인 수련회를 가집니다.
많은 성도님이 참여케 하시고 한 성령 안에서 더불어 사는
성령의 공동체로서 주님의 사랑을 재확인하며

한 믿음의 식구로서 형제의 사랑과 믿음을 나누게 하옵소서.
이번 수련회를 통해 우리가 당신의 사랑 안에서
영적으로 더욱 성숙해지며
주님을 기쁘게 해드리는 자녀가 되게 하옵소서.
기간 중 좋은 일기도 주시고 모든 순서 위에 축복하시어
은혜로운 수련회가 되게 하옵소서.

오늘도 당신이 귀하게 쓰시는 신 목사님을
단 위에 세우셨으니 감사합니다.
사자 목사님에게 더욱 영육 간에 강건함을 허락하시어
끝까지 주님께 헌신하므로 당신의 사랑과 도우심을 받게 하소서.
주시는 말씀을 통해 큰 은혜를 받을 수 있도록
능력의 장중에 붙잡아 주시옵소서.

당신을 찬양하는 임마누엘 성가대를 축복하시고
그 찬양이 우리 모두의 심령의 고백이 되어
주님이 기쁘게 받으시는 아름다운 찬양이 되게 하옵소서.

예배를 통해 주님 홀로 영광받으시길 비오며
예수님 이름으로 기도드립니다.

아멘!

-1993. 08. 01.

# 복된 주일을 허락하신 하나님

자비로우신 하나님!
당신께서는 우리를 사랑하시어
우리를 당신의 귀한 자녀로 택해 주시니 감사합니다.

지난 한 주간도 변함없는 당신의 사랑으로 함께해 주시고
오늘은 복된 주일을 허락하시어
사랑하는 성민의 성도님들을 이 아름다운 당신의 전에 불러주시어
당신을 찬양하며 예배드릴 수 있도록
축복해 주시니 감사합니다.

우리는 당신 앞에 설 때마다 우리의 부족함과
연약함을 인정합니다.
죄의 길인 줄 알면서 지은 죄도 있고 모르는 가운데

지은 죄도 있음을 고백합니다.

주님 뜻대로 살려고 노력했으나 나의 믿음이 부족하고

결심과 의지도 연약하여

당신의 자녀로서 합당한 생활을 하지 못하고

부끄러운 모습 그대로 당신 앞에 나왔으니

당신이 나를 위해 흘리신 보혈의 공로로

깨끗이 씻김받기를 원합니다.

다시는 죄와 상관없는 성결하고 깨끗한 삶을 살게 하시며

주님처럼 세상을 이기고 마귀를 이기는 승리의 삶을 살길 원합니다.


주님, 우리는 금년 추석을 맞이하면서 다른 해와는 다른 감회로

당신께 진정한 감사를 드리고자 합니다.

올여름은 국민들이 무더위와 극심한 가뭄과

때로는 홍수로 어려움을 겪었습니다.

흉년이 되지 않을까 하며 무척이나 가슴 졸이고 걱정하면서

주님 앞에 기도할 때 당신은 우리의 기도를 외면치 않으시고

우리의 기도에 응답해 주시고 우리를 향하신

당신의 크신 사랑을 확인시켜 주시니 감사합니다.


태풍까지도 주님 다스리시어 필요한 때 적절한 비도 주시고

또한 농사가 잘되도록 적당한 햇빛도 주시므로

그 어려운 일기 속에서도 금년처럼 풍년을 허락하셔서

우리에게 필요한 것으로 부족함이 없도록 채워 주신

당신의 은혜에 감사드립니다.
앞으로 우리에게 어떠한 어려움이나 시련과 역경이 닥치더라도
낙심하거나 좌절하지 않고
오직 기도와 간구로 감사함으로 주님께 모든 것을 아뢰며
믿고 의지하며 살 수 있는 굳센 믿음을 주시옵소서.

주님께 또한 감사하옵기는
우리 성민교회를 축복하시어 기도원 착공을 허락하시오니 감사합니다.
주님이 시작하신 사업이오니 모든 공정을 친히 주관하시어
한 건의 사고도 없이 예정된 기일 내에 완공하여
주님께 헌당드리는 시간을 속히 허락하옵소서.

또한 주님이 허락하시고 받기를 원하시는 새 성전 건축도
주님이 축복하시고 주관하시기를 빕니다.
미리 주신 1,300평의 대지도 감사하거니와
나머지 성전 부지 1,100평을 속히 구매할 수 있도록
주님의 땅 소유주의 마음을 움직여 주시어
금년 안에 그 땅을 다 구매할 수 있도록 축복하옵소서.

우리 모든 성도님에게 새 성전을 사모하는 마음을 주시어
기도와 정성과 물질을 드리게 하시되
한 사람도 부정적인 생각이나 소극적인 마음을 갖지 않게 하시며
주님이 허락하시면 할 수 있다는 가능성의 믿음과

적극적인 자세로 모두가 동참하여 예정된 기일 내에
새 성전을 주님께 드리게 하옵소서.

주님, 우리의 소원인 민족의 복음 통일도
주님의 방법으로 이루게 하시되
이 일을 위해 신 목사님을 당신의 오른팔로 쓰시어
빠른 시일에 북한에 가서 복음을 전파하는 날이
속히 오게 하옵소서.

당신을 찬양하는 임마누엘 성가대를 축복하시어
믿음의 찬양을 주님께 드리게 하옵소서.

당신이 귀하게 쓰시는 당회장 신 목사님을
단 위에 세우셨으니 감사합니다.
주의 종에게 말씀의 권세를 주시어 주신 말씀이
우리에게 소망과 믿음과 능력을 주는 복된 말씀이 되게 하옵소서.

예배를 통해 주님 한 분 영광 거두시길 비오며
예수님 이름으로 기도드립니다.

아멘!

-1994. 09. 18.

# 나의 삶에 주인 되시는 하나님

자비로우신 하나님 아버지!
당신께서는 부족하고 연약한 우리를 택하여
당신의 자녀로 삼아주시고
오늘날까지 변함없는 사랑과 은혜를 주시오니 감사합니다.

지난 한 주간, 저희가 세상에 나가 살 동안도
주님의 은총으로 함께해 주시고
오늘 아름답고 복된 주의 날을 허락하시어
사랑하는 성전의 성도들을 주님 전에 또 불러주셔서
당신께 예배드릴 수 있는
축복을 주시오니 참으로 감사합니다.

하오나 주님 앞에 나올 때마다 우리는 우리의 허물과

죄와 잘못을 당신께 고백하지 않을 수 없습니다.

당신의 자녀로서 빛과 소금의 직분도 감당치 못했습니다.

주님을 사랑하기보다 자신을 사랑하고

세상의 자랑과 안목의 자랑과 육신의 정욕대로 지낸 적이 많았습니다.

여전히 교만한 마음과 진실하지 못한 언행 심사로

주님 앞에 나올 아무런 공로가 없으나

당신이 나를 위해 흘리신 그 보혈의 공로에 의지하여

주님 앞에 나왔사오니 저희를 용서해 주시옵소서.


우리는 주님처럼 성결하고 깨끗한 삶을 살길 원합니다.

주님이 나를 사랑하신 것처럼 나도 주님과 내 이웃을 사랑하며

주님의 심정으로 복음에 합당한 바른 삶을 살아

당신의 마음에 합한 생활을 하게 하옵소서.


주님 없는 삶은 아무 의미가 없으며

주님이 함께하지 않으시면 나는 아무것도 할 수 없는

무능한 자임을 인정하오니

주님이 나의 삶에 주인이 되시고 나의 모든 것을 주관하시기를 빕니다.


우리의 소망이신 주님,

우리에게는 간절한 소망이 있습니다.

분단된 우리의 조국이 주님의 병법으로 하나 되게 하시고

흩어진 이산가족이 하루 속히 만날 수 있도록 축복하옵소서.

주님의 도우심 없이는 남북 간의 불신과 반복이 해결될 수 없으며
또한 핵 문제는 아직도 심히 위험한 문제로 남아 있습니다.
북한 당국자들의 마음을 변화시켜 주시어
평화로운 방법으로 남북이 하나 되게 하옵소서.
또한 대통령을 비롯한 위정자들도 축복하시어
이 나라를 주님이 원하시는 방향으로
잘 이끌어 나갈 수 있도록
그분들에게 믿음과 지혜와 능력으로 함께하옵소서.

한국 교계가 하나 되게 하시며
우리 믿음의 형제들이 구체적인 생활 속에서
세상 사람들의 본이 되게 하시고
이 사회에 그리스도인으로서 책임을 잘 감당하게 하옵소서.

성민교회를 이곳에 세우신 주님,
우리 교회가 우리만을 위한 교회가 되지 않게 하시고
지역사회 복음화와 이 민족의 복음화에 앞장서게 하시며
이웃에게 사랑을 나누어주는 살아 움직이는 교회가 되게 하옵소서.

바라옵기는
이미 착공한 기도원도 예정대로 완공케 하시며
우리가 기도로 준비하고 있는 새 성전도
주님이 속한 시일 내 허락하시어 후대에 기념이 될 만한

아름다운 성전이 지어지게 하옵소서.
이제 건축허가도 받아야 하니 주님 도와주시옵소서.
주님이 이루어주실 줄 믿고 감사드립니다.

성민의 성도님들은 할 수 있다는 믿음과 긍정적인 자세로
우리의 정성과 뜻을 모아 전 교인이 참여하도록
주님이 모든 성도님의 마음을 사로잡아 주시옵소서.

주님, 미국에 선교 여행 중이신 신 목사님을 기억해 주시고
어디를 가나 주님이 동행하시어 승리하게 하옵소서.

당신을 찬양하는 임마누엘 성가대를 축복하시어
그들이 믿음의 고백으로 아름다운 찬양을 주님께 드리게 하옵소서.

단 위에 세우신 주의 종의 능력을 장중에 잡으시어
주님의 말씀을 바로 대언케 하시고
우리는 그 말씀을 의지하여 한 주간도 승리케 하옵소서.

예배를 통해 우리 주님 홀로 영광 거두시길 비오며
예수님 이름으로 기도드립니다.

아멘!

-1995. 03. 27.

# 우리의 생명, 기쁨, 희망이신 하나님

## – 1996년 첫 주 기도문

사랑의 하나님!
희망의 1996년 새해를 허락하시어
당신의 귀한 자녀들이 주님 앞에 모여 새해 첫 예배를
당신께 드릴 수 있도록 축복하시니 감사합니다.

지난 한 해 동안의 내 삶을 돌이켜 보면
주님 뜻대로 살지 못했고 당신이 보시기에 부족함이 많았으나
모든 허물을 다 용서해 주셔서
오늘 이 복된 주일, 다시 주님 전에 나와 기쁘고 감사한 마음으로
우리들의 마음과 정성을 모아 당신을 찬양하며
예배드릴 수 있도록 축복하시니 참으로 감사합니다.

주님, 우리는 새해를 맞이하면서 주님의 크신 은혜와 축복에
다시 한 번 감사하며 한 해를 바르게 살아가는 데
당신의 도우심을 진심으로 간구합니다.

바라옵기는
나 자신이 더욱 새롭게 변화되어
좀 더 주님의 성품과 인격을 닮길 원합니다.
하나님 앞에 깨끗하고 성결하며
주님을 진심으로 사랑하며 살게 하소서.

주님이 교회를 통해 주신 직분을 성실히 감당하게 하시되
기쁘고 감사하는 마음으로
주님을 섬기듯 교회를 잘 섬기게 하소서.

또한 사회를 통해 주신 사명도 성실과 근면으로
각자의 처소에서 빛과 소금의 직분을 다하여
참 그리스도인의 본분을 다하게 하소서.

주님이 주신 가정과 가족을
사랑과 말씀으로 잘 다스리되
항상 화목하고 감사와 기쁨이 넘치는 가정이 되게 하소서.

또한 우리의 이웃에게 그리스도의 사랑을

실천하므로 많은 사람을 당신 앞으로 인도하게 하소서.

주님, 지금 국가적으로도 많은 문제가 있으나
당신이 친히 주관하시어 어려운 문제들을
모든 국민이 슬기롭게 극복하고
국민이 사랑으로 화합케 하소서.

우리 성민교회도 주님이 원하시는 선한 사업에 힘쓰며
이 사회를 밝게 비추는 진리의 등대로서의 사명을
잘 감당케 하소서.

또한 많은 영혼을 구하는 전도와 선교에 더욱 정진케 하시고
당신의 사랑을 베푸는 교회가 되어 하나님으로부터 인정받게 하시며
우리의 가정과 자녀와 일터를 축복하셔서
더욱 감사와 기쁨이 우리 속에 충만한 한 해가 되게 하소서.

특별히 비옵기는
한 해 동안 우리에게 영의 양식을 주실
당회장 신 목사님과 모든 교역자를
당신의 전능으로 붙드시어
우리를 푸른 초장으로 인도하시기에 부족함이 없게 하소서.
또한 교회를 위해 수고하는 모든 손길이 복되게 하소서.

이 시간도 당신이 귀하게 쓰시는 신 목사님을
단 위에 세우셨으니 감사합니다.
선포되는 말씀이 당신의 영광을 나타내며
우리에게 큰 은혜가 되게 하소서.

임마누엘 성가대의 찬양을 주님 흠향하시고
이 예배를 통해 우리 주님 홀로 영광 거두시기를
예수님 이름으로 기도합니다.

아멘!

-1996. 01. 07.

# 푸른 초장으로 인도하시는 하나님

– 1997년 첫 주 기도문

자비로우신 하나님!
당신의 사랑하심과 보호하심 가운데
1996년도 무사히 보내게 하시고
희망의 1997년을 맞이하여
성민의 성도님들이 주 앞에 나아와 기도와 예배로서
한 해를 시작할 수 있는 은혜를 주시오니 감사합니다.

사랑의 주님!
우리는 묵은해를 보내고 새해를 맞이하면서
당신께 진심으로 감사하옵기는
시간이 지나고 해가 바뀐다고 하더라도

당신께서는 항상 우리의 곁에 계셔서
변함없는 사랑의 눈으로 우리를 지켜 보호하시며
당신의 풍성한 축복의 손길로 우리를 푸른 초장으로 인도하시며
친히 더 좋은 것으로 우리에게 주시오니 감사합니다.

우리는 만 입이 있어도 당신의 그 크신 사랑과 은혜를
다 감사할 수 없으며
주께서 나에게 주신 그 모든 은혜를
무엇으로도 보답할 수 없음을 고백하나이다.

사랑의 주님!
우리는 이 새해 아침을 맞이하면서
다시 한 번 주님 앞에 더 겸손한 마음과 새로운 자세로
우리의 소망과 바람을 당신께 고하고자 합니다.

무엇보다도 하나님 앞에서 나의 삶의 자세가
더욱 성결하고 깨끗하며
주님처럼 죄와는 상관없이 바르게 살게 하옵소서.

세상의 그 어떤 것보다 주님을 더욱 사랑하며
나의 말과 품은 뜻과 행위가 주님 마음에 합한 자 되게 하옵소서.

주님!

우리는 당신으로부터 많은 사명을 받은 자들입니다.
교회를 통해 주신 귀한 직분을 기쁘고 감사한 마음과
자원하는 심령으로 잘 감당케 하옵소서.

또한 우리가 사회의 어느 위치에 거하든지
빛 가운데 거하게 하시고 정직하고 지혜롭게 살며
주님의 자녀로서 부족함이 없도록
우리의 발걸음을 지켜주시옵소서.

주님, 또한 바라옵기는
금년 한 해도 주님의 도우심으로
우리나라가 평안케 하시고
경제적으로도 어려움이 없게 하시고
사회도 안정되게 하옵소서.

12월에 있을 대통령 선거도 주님의 마음에 합한 자가 선택되어
이 나라를 주님 뜻 가운데 잘 다스려
축복된 통일 국가가 되게 하옵소서.

이 시간도 어려운 가운데 있는 북한의 동포들을 기억하시어
그들도 하나님을 잘 섬기며
주님의 은총 속에 살 수 있도록 축복하시기를 원합니다.

또한 바라옵기는

성민 제단을 축복하시어 더욱 말씀과 은혜가 충만하고

주의 말씀을 잘 전하고 하나님의 사랑을 실천하며

선교와 봉사에 앞장서는 교회가 되어

하나님으로부터 인정받고 세상에서도 사랑받는

교회가 되기를 원합니다.


우리의 가정이 주님이 주신 사랑으로 기쁨과 감사가 넘치며

우리의 일터도 주님의 축복하심으로 더욱 윤택하여

이웃을 도와주고 사랑을 실천하며 살게 하옵소서.


우리들의 자녀들이 주님의 인도하심과 보호하심으로

바른길 가게 하시고

세상에 나가서도 악에 물들지 않고

정직하고 능력 있게 성장하여

하나님을 기쁘게 해드리는 복된 자녀가 되기를 원합니다.


자비로우신 하나님!

오늘의 간구와 기도가 주님 뜻에 합당하기를 원하며

우리의 결심과 삶의 자세가 흐트러지지 않도록

주님이 도와주시기를 원합니다.


단 위에 세우신 신 목사님을 권능의 손길로 지켜주시고

앞으로 남은 1년의 사역을 잘 감당힐 수 있도록
영육 간에 강건함으로 함께하옵소서.

한 해 동안 당신을 찬양할 임마누엘 성가대를 축복하시어
주님을 기쁘게 해드리고
성도들에게 영감이 넘치는 찬양을 드릴 수 있도록
대장님 이하 모든 대원을 지키시고 축복해 주시옵소서.

우리가 드리는 예배를 통해 우리 주님 홀로 영광 거두시기를 비오며
항상 우리를 사랑하시는 예수님 이름으로 기도드립니다.

아멘!

−1997. 01. 05.

# 풍요한 삶을 허락하신 하나님

연약한 자에게 힘을 주시며 우리를 변함없이 사랑해 주시는
하나님의 은혜에 감사드립니다.

이 지구상에서 작고 연약했던 우리 조국과 민족을
이제는 세계 10위권의 경제 대국이 될 수 있도록
이끌어주신 당신의 크신 사랑에 감사드립니다.

우리는 가진 것이 아무것도 없었으나 당신의 도우심으로
지난 30년이라는 짧은 기간 동안에
이방 나라가 부러워할 정도로 우리에게 풍요한 삶을 허락하셨습니다.

하오나 우리는 당신의 그 크신 은혜와 축복에 대해
감사할 줄 모르고 교만한 마음으로 살았습니다.

국민은 분에 넘치는 사치와 낭비를 했고
정치인들은 지극히 비생산적인 정치로
국민에게 비전과 꿈을 주지 못했으며
많은 공직자가 자신의 이익을 국가의 이익에 우선하여
국정에 임했으므로
국민들로부터 무능하고 무책임한 공무원으로
인정받을 수밖에 없는 불행한 처지에 있으며
근로자들은 책임을 다하기보다 자기 몫만 요구하는
무절제하고 무리한 요구를 하다 보니
국가 경제가 파탄에 이르러 외국에서 빚을 얻어야만
우리 생활이 운영될 정도로
국가가 총체적 위기에 처해 있음을 고백합니다.

주님, 우리가 최근에 당면한 국가적인 위기를 맞이하면서
우선 남의 잘못을 탓하기에 앞서 우리 스스로가
과연 믿음의 자녀로서
주님과 이웃에게 얼마나 올바른 생활을 했는지 반성하기를 원합니다.

그렇습니다. 나 자신부터 교만한 마음과 죄와 허물로 가득 찼으며
내가 부족함이 없다고 이웃의 아픔과 고통을 외면한 적도 많이 있었고
우리 사회와 국가가 위기의 길로 가고 있을 때도
무관심하게 남의 일처럼 생각했던 적이 많았습니다.
믿음의 자녀로서 빛과 소금의 직분을 감당치 못했습니다.

이제 당신 앞에서 나 자신의 잘못된 모든 생활과
세상의 욕심으로 가득 찬 이기적인 마음을 다 내어놓으니
당신의 사랑으로 용서해 주시기를 원합니다.

당신께서는 아직도 부족한 우리를 사랑해 주시고
더 이상 우리가 잘못된 길로 가는 것을 예방하시고
깨우침을 주시고자 IMF라는 사랑의 매로
우리를 채찍질해 주시니 참 감사합니다.

만약 당신이 우리를 그대로 버리셨다면
우리 민족은 감당할 수 없는
국가적인 재앙과 더 큰 위기에 처할 수도 있었지만
당신의 사랑으로 우리에게 깨우침을 주시니 참으로 감사합니다.
이런 국가적 위기를 당하여 우리가 당신 앞에
다시 한 번 겸손하고 겸허한 마음으로 우리의 삶을 반성하길 원합니다.
바라옵기는
위정자들은 사명감과 책임감을 느끼고 국정에 임하며
국민은 경건과 절제와 자성하는 마음으로 국난 극복에
다 함께 참여하고 고통을 나누어 가지며
특히 믿음의 자녀인 우리는 더욱 기도에 힘쓰며
세상 유혹에 빠지지 않고
복음에 합당한 생활로 주님을 기쁘게 해드리기를 원합니다.

주님, 우리는 당신이 베풀어주시는 그신 사랑에
다시 한 번 감사드리며 이 국가적 위기를 극복하는 데
당신의 절대적인 도움이 필요하오니
우리가 주님의 품을 떠나지 않도록 강권적인 방법으로
우리를 지켜주시고 복음에 합당한 생활을 하도록
주의 손길로 보호해 주시기를 원합니다.

또한 감사하옵기는
성민 제단을 사랑하시어 지난 20여 년간 성장시키시고
신영준 목사님을 새 목사님으로 보내주시니 감사합니다.
세우신 종에게 은혜와 능력을 덧입혀 주시어
성민교회가 주님을 기쁘게 해드리며
이 사회를 복음화하는 일에 최선을 다하는 교회로 성장하게 하옵소서.
선포되는 말씀을 통해 우리는 주님을 만나며
더 큰 소망과 은혜를 받길 원합니다.

주님께 드리는 성가와 찬양과 예배가
온전히 우리 주님께 영광이 되기를 바라며
예수님 이름으로 기도드립니다.

아멘!

-1998. 02. 03.

# 쉴만한 물가로 인도하시는 하나님

자비로우신 하나님!
당신께서는 연약한 우리를 사랑하시어
우리의 모든 죄를 대속하여 당신의 자녀로 삼아주시니 감사합니다.

지난 한 주간도 우리가 세상에 살 동안
당신의 사랑 안에서 보호하시고 오늘 복된 주일을 허락하시어
당신의 사랑하는 성민의 권속들을
이 아름다운 주의 전에 불러주시어 당신께 예배할 수 있는
귀한 축복을 주시오니 참으로 감사합니다.

당신께서는 죽기까지 우리를 사랑하시고
지금 이 시간에도 우리를 축복하시고
세상 끝 날까지 우리와 함께하시겠다고 약속하시지만

당신 앞에 선 나의 모습은 참으로 부족하고
부끄러움뿐임을 고백하지 않을 수 없습니다.

입술로는 당신을 가장 사랑한다고 말하고 있지만
구체적인 삶 속에서는 당신보다 더 사랑하는 세상의 욕망이
아직도 내 주위에는 많이 남아 있으며
네 이웃을 네 몸과 같이 사랑하라 명하셨지만
아직도 나 자신과 내 가족만을 생각하는
이기적인 삶을 살아오고 있음을
솔직히 인정하지 않을 수 없습니다.

또한 세상에 나가 빛과 소금의 직분을 감당하라고 명하셨지만
나 자신의 안위를 위해 세상과 적당히 타협한 적도 많이 있었으며
당신의 자녀로서 사명도 다 감당하지 못했음을
당신 앞에 부끄러이 생각하며 당신의 용서와 자비를 간구합니다.

내 마음과 생각은 당신의 뜻에 합하고자 노력하고 애쓰지만
나의 믿음이 부족하고 결심도 연약하여
당신의 강권적인 도우심과 역사가 없이는
내 힘과 능으로는 아무런 일도 행할 수 없으며
주님이 원하시는 삶을 살 수 없음을 인정하고
당신의 도우심을 간구합니다.

주님, 연약한 나를 도우사 이 험한 세상 살면서도
항상 주님의 도우심과 인도하심으로
참으로 당신의 사랑을 실천하며
당신의 마음을 기쁘시게 해드리는 참 그리스도인이 되게 하소서.

주님, 당신께서는 우리 민족과 조국을 사랑하시어
그동안 수많은 어려움과 역경 속에서도 우리 민족을 지키시고
선한 길로 인도하심을 감사합니다.
우리의 교만함과 잘못으로 인한 IMF의 위기도
주님의 도우심으로 최악의 상황은 면케 하시고
경제도 조금씩 회복되게 하시니 감사합니다.

바라옵기는
그동안 나도 모르게 우리 자신이 하나님 앞과
사람들 앞에서 교만했고 당신에 대한 감사가 부족했으며
우리가 지나친 사치와 무절제로 살아옴을 다시 반성케 하시어
보다 겸손하며 당신과 이웃에 항상 감사하며
우리의 분수에 맞는 삶을 살게 하소서.

또한 바라옵기는
지금도 경제적인 어려움과 자유로운 삶을 누리지 못하는
북한의 동포들을 기억하시어
빠른 시일 내 그들도 당신이 주시는 축복을 누릴 수 있도록

주님 축복해 주시옵소서.
우리가 나의 삶에 부족함이 없다고
고통 중에 있는 북한 동포의 아픔을 외면하거나
무관심 속에 잊지 않게 하시고
그들을 위해 기도하고 나의 가진 것을 나누며 살게 하소서.

주님, 바라옵기는
당신이 세우신 이 교회가 사랑을 실천하고 말씀을 전하며
많은 영혼을 구원하는 구원의 방주와 같은 교회가 되게 하소서.
그 일을 위해 항상 애쓰시는 원로목사님, 당회장 목사님,
모든 교역자님을 축복하시고 도와주소서.

이 시간 당신 앞에 머리 숙인 당신의 자녀들을 한 심령 한 심령
주님 하감하시어 그들의 기도에 응답해 주시기 원합니다.
건강에 문제가 있는 분 있으면
주님 권능의 손길로 어루만지시사 치유해 주시고
경제적인 어려움과 사업에 문제가 있는 분 있으면
주님 아시오니 형통한 길을 열어주시고
자녀 문제가 있는 분 있으면
당신께서 선한 길로 인도하시고
믿음이 부족해 방황하는 분 있으면
당신께서 반석 같은 믿음 주셔서
어떠한 어려운 문제가 있다 하더라도 낙심치 말게 하시고

당신을 신뢰하고 모든 짐을 당신께 맡기며
오직 기도와 간구로 승리하는 삶을 살게 하소서.

이 시간도 당신이 사랑하시는 당회장 세우시니 감사합니다.
주의 선하심과 인자하심이 당신의 종에게 임하시어
항상 우리를 푸른 초장으로,
쉴만한 물가로 인도하시기에 부족함이 없게 하소서.

당신을 찬양하기 애쓰고 즐거워하는 임마누엘 성가대 축복하시고
그들 마음에 더욱 믿음 주시어 당신을 늘 찬양케 하시며
사명 잘 감당케 하소서.

아멘!

−1999. 09. 12.

# 보호하시는 하나님

자비로우신 하나님!
당신께서는 우리를 사랑하시어 오늘 이 순간까지 우리들의 삶을
인도해 주시고 금년에도 풍성한 가을을 맞이할 수 있도록
우리나라와 교회와 가정들을 축복해 주심을 감사드립니다.
어느 한순간도 당신의 보호하심과 인도하심 없이
우리의 힘과 능력으로는 오늘의 내가 있을 수 없음을 알기에
당신의 놀라운 사랑에 다시 한 번 감사드립니다.

오늘 복된 주일을 허락하시어 사랑하는 성민의 성도들
주님 전에 불러주시어 우리가 기쁜 마음으로 당신을 찬양하며
예배드릴 수 있는 귀한 시간 주심을 감사합니다.

주님, 우리는 당신이 항상 우리와 동행하심을 알면서도

구체적인 삶 속에서 당신을 전적으로 의지하지 못하고
교만한 마음으로 인하여 낙심한 적도 있으며
당신을 가장 사랑하고 당신에게 소망을 두기보다 세상에 소망을 두어
당신의 마음을 아프게 한 적도 있으며
이웃에 사랑을 베풀기보다 아직도 이기적인 삶을 사는
부족한 모습 이대로 당신께 나왔으니
우리의 연약함과 부족함을 용납하시고
당신의 자비로운 손길로 품어주시기를 소원합니다.

주님!
나는 당신의 도우심 없이는 아무런 일도 행할 수 없는
연약한 자임을 알기에 당신을 온전히 의지할 수 있는
겸손한 믿음 주시기를 소원합니다.
항상 주의 뜻에 순종하며 시류에 영합치 않고
의의 길을 걸으며 그리스도의 지체로서
나에게 주어진 크고 작은 일들을 통해 주님을 기쁘게 해드리며
세상에 본이 되는 삶을 살게 하소서.

세상이 아무리 부패하고 타락한다고 하더라도
우리로 하여금 세상에서 소금의 역할을 감당케 하시며
세상이 죄와 악으로 인하여 어두워질수록
당신의 말씀과 사랑을 실천하는 작은 불꽃이 되어
당신의 나라가 임하는 데

씩이지는 밀알이 되기를 소망합니다.

주님, 이 시간에도 당신 앞에 머리 숙인 당신 자녀들의
마음의 간구와 입술의 기도를 들으시사
낙심 중에 있는 성도에게 당신께서 소망으로 힘을 더하시고
질병으로 고통당하는 성도에게 친히 치유함을 주시고
경제적으로 어려운 성도에게 필요한 것으로 채워 주시기를 소망합니다.

당신이 사랑하시는 신영준 목사님을
오늘도 단 위에 세우시고 당신의 말씀을 선포케 하시니 감사합니다.
항상 겸손한 마음으로 주를 섬기며 우리에게 생명의 말씀을 전하며
아름다운 삶을 보여 주는 신실한 주의 일꾼 되게 하소서.

임마누엘 성가대가 당신께 찬양을 드리고자 합니다.
대원 한 사람 한 사람 축복하시고
부르는 찬양이 우리 모두의 기도가 되며
당신의 마음을 기쁘게 해드리는 복된 찬양이 되기를 원합니다.

이 예배를 통해 우리 주님 홀로 영광 거두시길 비오며
인류의 소망이 되시는 예수님 이름으로 기도드립니다.

아멘!

-2001. 10. 08.

# 소망과 기쁨을 주시는 하나님

전능하신 하나님!
당신께서는 연약한 우리를 긍휼히 여기사
당신의 자녀 삼으셨고
변함없는 사랑과 은혜로 함께하심을 감사합니다.

지난 주간에는 테러로 인하여 수많은 귀한 생명이 희생당하는
충격적인 일이 우리 모두를 경악하게 했습니다.
바라옵기는
유가족들을 위로해 주시고
이런 비극적인 일이 다시는 일어나지 않도록
주께서 우리를 지켜주시기를 원합니다.

이런 어려움 속에서도 당신의 자녀들을 보호하시고

오늘 귀한 주일을 허락하시어
당신께 예배드릴 수 있는 은총 주심을 감사합니다.

우리는 내일을 알 수 없는 부족한 자들입니다.
국가의 장래가 어떻게 될지, 나의 삶은 어떻게 전개될지
우리는 정말 한 치 앞을 알 수 없습니다.
바라옵기는
우리의 앞날을 온전히 주께 맡기고
주님의 도우심과 인도하심을 간구하는 믿음 안에 거하게 하소서.

주님, 우리의 지나온 삶을 돌이켜 보면
당신께서는 한순간도 우리를 버리지 않으셨고
우리가 살아가는 데 필요한 모든 것을 친히 예비해 주셨는데
우리는 당신의 사랑을 잊어버리고 감사할 줄 모르고
교만과 불순종과 내 뜻대로 살아온 적이 많았습니다.
우리의 잘못과 허물을 인정하고 회개하오니
당신의 크신 사랑으로 용서해 주시기를 소망합니다.

정말 당신의 도움 없이 내 힘과 능으로는 아무런 일도 할 수 없으며
항상 실족하고 사탄의 유혹에 넘어갈 수 있습니다.
또한 당신의 자녀로서 세상 속에서 소금과 빛의
사명도 감당하기 어렵습니다.

바라옵기는
우리에게 지혜로움과 겸손함을 주시며
항상 청결한 마음과 선한 양심과 거짓 없는 믿음으로
당신의 자녀답게 세상과 구별된 삶을 살며
우리가 속한 곳에서 정직하고 성실하게 능력을 행하며
주님을 기쁘게 해드리는 승리의 삶이 이어지게 하소서.

당신이 사랑하시는 신 목사님께 오늘도 당신의 말씀을
전하게 하시니 감사합니다.
바라옵기는
우리 목사님 더욱 사랑하시고 축복하소서.
신 목사님은 하나님과 사람 앞에 항상 겸손하며
당신의 마음에 합한 진실하고 신실한 목자 되게 하시고
당신으로부터 인정받고 교인들로부터 존경받는
귀한 일꾼 되게 하소서.

주님, 이 시간에 당신의 자녀들이
주 앞에 나와 정성 어린 예배를 드립니다.
당신께서 이 예배를 기쁘게 받아주시고
세상에서 상처받은 성도의 마음을 치유해 주시고
낙심한 성도에게 소망과 기쁨을 주시고
우리 모두의 마음의 소원과 입술의 기도가
주 안에서 응답받게 하소서.

힝상 당신을 친양히기 위헤 힘쓰는 임마누엘 성가대가
정성을 다해 당신께 우리의 뜻과 정성과 사랑을 드리오니
주님 기쁘게 받으시기를 바랍니다.

이 예배를 통해 우리 주님 홀로 영광받으시고
우리는 영적으로 하나님을 만나는 기쁘고 복된 시간이 되기를
우리의 소망되시는 예수님 이름으로 기도합니다.

아멘!

-2001. 09. 16.

# 응답해 주시는 하나님

하나님 아버지!
2002년을 맞이하면서 당신께 새해 첫 예배를 드린 지가
정말 엊그제 같은데 벌써 11개월이 지나고
금년도 30일밖에 남지 않았습니다.

연말을 맞이하면서 당신께서 우리에게 베푸신
놀라운 은혜와 크신 사랑을 다시 한 번 생각하게 됩니다.

주께서 우리 민족을 축복해 주시와
우리나라도 전 세계에 큰 영향을 줄 수 있는 강대국으로
성장할 수 있다는 민족적 자긍심과 국민적 자신감을 주셨고
교회를 축복하시므로 주 안에서 성장하며
부족하지만 주의 뜻을 이루어가는 교회로 변화시켜 주셨고

우리의 생업이 주 안에서 번창하게 하셨고
우리의 가정이 당신이 주신 은혜로 넘치게 하시니 감사합니다.

지난날들을 돌이켜 보면 참으로 주께서는
어느 한순간도 우리의 곁을 떠나지 않으시고
항상 우리와 함께하시며 우리에게 소망과 위로와
기쁨과 평강과 사랑을 베풀어주심에 다시 한 번 감사드립니다.

당신께서는 늘 일방적인 은혜를 주셨지만
구체적인 삶 속에서 우리들의 모습은
하나님 보시기에 여전히 부족하고 부끄러운 점이 남아 있음을
인정치 않을 수 없습니다.

당신의 자녀로서 우리의 말과 뜻과 행위가
주님 보시기에 부끄럽고 송구한 것이 너무나 많았음을 인정합니다.
나의 잘못과 허물과 죄를 당신의 자비로우신 사랑으로
깨끗이 용서해 주시기를 빕니다.

주님, 바라옵기는
우리는 모두 당신께 일생 빚진 자로서
사는 동안 당신의 가장 작은 동역자가 되기를 원합니다.

당신이 우리에게 주신 구원의 복음을 이웃에게 전하며

당신이 우리에게 주신 건강과 재능과 물질을
자신만을 위해 쓰는 이기적인 삶에서 떠나 이웃과 나누며
구체적인 삶 속에서 아름다운 사랑의 열매 맺게 하소서.

우리의 지극히 작은 헌신과 사랑과 봉사를 통해
당신이 이 땅 위에서 펼치시고자 하는 일들이
조금씩이나마 이루어지기를 소망합니다.
그리하여 우리의 삶이
하나님과 아름답고 완전한 조화를 이루게 하소서.

당신이 사랑하시는 신 영준 목사님으로 하여금
오늘도 당신의 말씀을 전하게 하시니 감사합니다.
늘 겸손케 하시고 하나님을 기쁘게 해드리고
성도님들에게 소망을 주는 신실한 주의 일꾼 되게 하소서.

임마누엘 찬양대가 정성을 다해 준비한 찬양을 주님 받으시고
늘 주님의 마음을 기쁘게 해드리는 찬양대가 되도록
축복해 주시옵소서.

오늘도 당신께 예배드릴 수 있는 귀한 시간 주심을 감사합니다.
여기에 모인 당신의 자녀들 한 심령 한 심령 주님 찾아오셔서
우리의 마음의 소원과 입술의 기도를 들으시고
친히 응답해 주시기를 소원합니다.

이 예배를 통해 주님 홀로 영광빋으시고
우리 모두는 사랑하는 주님을 영적으로 만나는
기쁘고 복된 시간이 되기를
우리의 영원한 소망이신 예수님 이름으로 기도합니다.


아멘!

-2002. 12. 01.

# 우리와 함께 기뻐하시는 하나님

연약한 우리를 부르시어 당신의 자녀 삼으시고
때를 따라 충만한 은혜를 베푸시는 당신의 귀한 사랑에 감사드립니다.

우리를 향하신 당신의 변함없으신 사랑을
우리는 때론 잊어버리고 산 적도 있었지만
주께서는 우리의 처지와 형편을 늘 아시며
먼 곳에서도 우리의 생각을 통찰하시고
우리의 마음의 소원도 아시며
우리를 항상 선한 길로 인도하시는 귀한 사랑에
다시 한 번 감사드립니다.

우리에게 기쁜 일이 있을 때 주께서는 우리와 함께 기뻐하셨고
우리에게 어려움과 아픔이 있을 때 누구보다 먼저 괴로워하시면서

우리를 격려하시고 힘과 능력과 위로를 주셨습니다.

그러나 기쁜 일을 만날 때 우리는 당신에 대한 감사에 인색했으며

작은 시련과 어려움에도 쉽게 낙심하고 좌절했던

자신의 부끄러운 모습을 기억합니다.

입술로는 주님을 사랑하노라 말하면서도

당신의 자녀로서의 내 모습은 여전히 부족함을 인정합니다.

바라옵기는

우리의 부족함과 잘못과 죄를

이 시간 다시 한 번 용서받기를 소원합니다.


주님, 우리는 지금 국가적으로 심히 어려운 문제들에 직면해 있습니다.

집단 이익단체들의 부당한 요구로 인하여

우리 사회는 갈등과 불안이 고조되고 있으며

많은 사람이 자신만을 생각하는 이기적인 행동으로

국가 기강과 사회의 기본질서마저 위협받고 있습니다.

우리의 힘과 능력만으로는 이 난국을 해결할 수도 없습니다.

우리 국민에게 새로운 마음을 주시어

나만을 생각하는 이기적인 삶에서 벗어나

이웃과 나라를 위해 자신의 자그마한 불편함과 어려움도 인내하고

사랑을 나누며

이 어려운 국가적 위기를 슬기롭게 극복할 수 있는 능력을

우리 모두에게 주시기를 소원합니다.

여호와를 자기 하나님으로 삼은 백성은 복이 있다 했으니
겸손히 당신의 도우심을 바라는 지혜로운 국민이 되게 하소서.

이 나라를 이끌어가는 지도자들에게 더욱 지혜로운 마음과
담대함을 주시어
불의에 굴하지 않고 공의로운 정치로
국가의 기강을 바로잡고 사회를 안정시키고
국민에게 비전과 희망을 주는 존경받는 일꾼들이 되게 하소서.

주님, 바라옵기는
우리의 삶이 나 자신의 육신의 정욕과 세상의 자랑만을 얻는
헛된 일에 얽매이지 않게 하시고
나는 부족하고 연약하지만 당신의 도우심과 인도하심으로 인하여
당신께서 허락하신 우리의 귀한 삶이
주의 뜻을 이루어가는 여정이 되게 하시고
하나님이 기뻐하시는 온전한 삶으로 이어지게 하소서.

우리가 비록 세상적으로는 크게 성공하지 못하더라도
우리의 삶의 발자취가 항상 진실하고 지혜로운 청지기로서
신실한 삶을 살므로 인하여
하나님으로부터 인정받고
하나님으로부터 사랑받고
하나님으로부터 기억되는 자가 되기를 소망합니다.

이 시간도 당신의 자녀들이 주 앞에 모였습니다.
선포되는 목사님의 말씀을 통해
세상에서 상처받은 자 위로받게 하시고
육신의 병든 자 치유받게 하시고
낙심 중에 있는 자 새로운 희망과 능력과 새 힘을 얻는
역사가 있게 하소서.

임마누엘 찬양대가 드리는 찬양이
우리 모두의 믿음의 고백이 되게 하시며
주님의 마음을 움직이는 아름다운 기도가 되게 하소서.

이 예배가 주님께는 영광을 드리고
우리에게는 주님을 만나는 기쁘고 복된 시간이 되길 비오며
우리의 영원한 소망이신 예수님 이름으로 기도드립니다.

아멘!

-2003. 06. 24.

# 동행해 주시는 하나님

죄와 허물로 인하여 영원히 버림받을 수밖에 없었던
우리를 긍휼히 여기사
주 예수 그리스도의 보혈로 우리의 모든 죄를 사해 주시고
우리를 하나님의 자녀로 택해 주신 주님의 크신 사랑에
진심으로 감사합니다.

주께서는 멀리서도 우리의 생각을 통찰하시며
우리의 마음의 소원도 다 아시고
때를 따라 돕는 은혜를 베푸시며
우리의 참 소망이 되심을 다시 한 번 감사드립니다.

주께서는 오늘 이 시간까지 우리에게 변함없는 사랑을 베푸시지만
우리는 세상일에 얽매어 주님의 은혜를 잊어버리고 산 적도 있었으며

마음속에 교민과 세상의 자랑으로
주님의 자녀로서 합당치 못했던 적도 많았습니다.
범사에 감사하지 못했으며
하나님과의 깊은 영적인 대화에도 항상 부족했음을 인정합니다.

바라옵기는
우리의 허물과 죄와 잘못을 다시 한 번 용서해 주시므로
이 시간 마음과 뜻과 정성을 다해 하나님께 예배드리기를
간절히 소원합니다.

우리가 이 시간 주님께 특별히 감사하옵기는
지금까지 이 민족에게 경제적으로나 정치적으로
수많은 시련과 역경과 고난이 닥칠 때마다
주께서는 이 민족의 아픔과 고통을 외면치 않으시고
항상 피할 길을 열어주셨고
우리가 살아가는 대한민국이 지극히 작은 나라지만
그래도 사랑하는 우리 조국이 세계 10대 경제 대국과
만 불 이상의 국민소득을 이루며
오늘날처럼 경제적인 혜택을 누리고 살 수 있는 것도
우리의 힘과 능으로만 이룬 것이 아니요,
무엇보다 주님의 축복으로 이루어진 것임을
잊지 않는 민족이 되게 하소서.

자비로우신 주님!

최근 우리나라는 국가의 지도자들이 국민에게

꿈과 비전과 희망을 제시치 못하고

많은 국민과 또 의식화된 노동자 등이 주어진 여건에 대한

감사의 조건은 망각한 채

분에 넘치는 욕구 분출과 불만만 토로하며

또한 계층 간의 심한 갈등과 반목으로 인하여

국론이 분열되고 사회적으로도 혼란하며 경제도 어려워

국가의 앞날이 심히 걱정됩니다.


바라옵기는

이 나라를 이끌어 나가는 대통령과 지도급 인사들에게

더욱 지혜롭고 겸손한 마음을 주시어

국가의 100년 앞을 내다볼 수 있는 혜안을 주시고

국민과 국가의 앞날을 위해 올바른 선택을 할 수 있는

정확한 판단력도 주시기를 원합니다.


이 어려운 문제들을 우리의 힘과 능력으로는 해결할 수가 없사오니

주께서 다시 한 번 자비를 베푸사

우리가 모두 힘을 합해 이 국가적 어려움과 사회적·경제적 위기를

슬기롭게 극복할 수 있도록 이 민족을 지켜주시고 보호해 주시옵소서.


오늘도 사랑하는 성민의 성도들 함께 모여

히나님께 예배드릴 수 있는 시간 주님을 감사합니다.
저희에게 더욱 신실한 믿음을 주시어 늘 주님을 바라보게 하시고
우리의 소망이신 예수 그리스도와 항상 동행하며
주님의 성품을 닮고 주의 뜻을 실천하며
구체적인 삶의 현장에서도 하나님의 뜻과 사랑을 실천하는
그리스도의 선한 군사가 되게 하소서.

또한 바라옵기는
병 중에 있는 성도들 주께서 친히 찾아가 주시어 치료해
그 병상에서 일으켜 주시고
낙심하고 있는 성도들에게 어려움을 능히 이길 수 있는
지혜와 용기와 힘을 주시고
경제적으로 어려움에 처한 성도들에게는
다시 한 번 재기할 수 있는 능력을 주시길 원합니다.
그리하여 우리는 부족하지만 우리의 소망이신
예수 그리스도와 늘 승리케 하소서.

오늘도 당신이 사랑하시는 한 목사님을 단 위에 세우셨으니
말씀의 권세를 주시어
주께서 예비하신 축복의 메시지를 받는 시간이 되게 하소서.

임마누엘 찬양대가 정성을 다해 드리는 찬양이
하나님의 마음을 움직이며

하나님께 드리는 우리 모두의 믿음의
아름다운 고백이 되기를 원합니다.

이 예배를 통해 우리 주님 영광받으시고
우리는 주님을 만나는 복된 시간이 되기를
우리의 소망이신 예수님 이름으로 기도합니다.

아멘!

−2004. 07. 18.

# 권능의 하나님

– 2005년 새해 첫 예배 기도문

자비로우신 하나님!
지난 한 해 우리나라는 경제적인 어려움과
정치적·사회적인 혼란으로
우리 주변에 많은 어려움과 역경이 있었지만
주님의 돌보심과 사랑으로 무사히 한 해를 지내게 하심을 감사합니다.

우리에게 다가오는 수많은 문제를
우리의 힘과 능력만으로는 해결할 수 없으나
우리의 연약함을 미리 아시고
때를 따라 돕는 은혜를 베푸신
우리 주님께 다시 한 번 깊은 감사를 드립니다.

이 시간 특별히 주님께 감사하옵기는
희망의 2005년 새해를 우리에게 허락하시어
사랑하는 성민의 성도들이 모여
주님께 첫 주 예배를 드릴 수 있는 시간 주심을 감사합니다.

바라옵기는
올 한 해도 우리는 주님이 변함없이 베푸실 은혜 속에 살기를 원합니다.
주께서 주신 귀한 시간과 건강과 물질과 재능을
주님의 뜻대로 쓰게 하시되
우리의 삶이 늘 주님과 동행하는 복을 누리게 하소서.

사랑의 하나님!
우리에게는 이루고자 하는 많은 소망과 희망과
또한 여러 가지 비전이 있습니다.
먼저, 사랑하는 조국이 주님의 돌보심으로
경제도 회복되고 국민이 하나 되어
하나님의 선하신 뜻을 이루어가는 복된 국가가 되게 하소서.
섬기는 교회가 당신의 말씀을 전하며
주의 손길이 필요한 곳에 주의 사랑을 실천케 하소서.
우리의 일터가 더욱 번창하여
하나님의 선한 사업에 쓰임받는 통로가 되게 하소서.

우리의 자녀들이 당신의 말씀 가운데 지혜롭고 정직하게 성장하며

이 땅 위에 하나님의 나라를 이루이기는
신실한 주의 군사가 되게 하소서.
우리의 가정이 주 안에서 늘 화목하며
사랑과 감사와 기쁨이 넘치게 하소서.
바라옵기는
세상에서의 우리의 삶이 내 자신의 육신의 안일함을 얻는 일에
얽매이지 않게 하시고
우리의 삶의 목표가 세상의 물질과 명예만을 취하는 일에
국한되지 않게 하소서.

주께서 주신 가정과 일터와 교회와 사회에서 각자의 책임을 다하되
우리 모두의 인생 목표가 하나님의 마음을
기쁘시게 할 수 있는 은혜를 베푸시어
하루하루 살아가는 우리 모두의 삶이
당신의 온전하신 뜻을 이루어가는 여정이 되므로 인하여
우리 마음에 주님께서 주신 은혜와 평강이 넘칠 뿐만 아니라
주께서 허락하신 은사와 능력에 따라
우리 모두 크고 작은 그리스도의 흔적을 남기므로
하나님으로부터 인정받고 세상 사람들로부터도 사랑받는
신실한 주의 자녀 되게 하소서.

주님!
우리는 지혜도 부족하고 믿음도 연약합니다.

세상에 나가서 주의 자녀들이 우리에게 주어진 귀한 사명을
잘 감당할 수 있도록 늘 당신의 권능의 손으로
우리를 영육 간에 강건하게 지켜주심으로 인하여
주님의 도우심으로 승리하는 한 해 되게 하소서.

바라옵기는
올해도 이 교회를 이끄실 신영준 목사님과 모든 교역자를
주의 능력으로 지켜주시고
이 나라를 통치하는 노 대통령과 모든 사회 지도자들에게
올바른 판단력과 지혜를 주시고
우리 국민도 자신만을 생각하는 이기적인 삶에서 떠나
이웃과 함께 더불어 살아갈 줄 아는 성숙한 민주시민이 되게 하소서.

성민 성도들의 삶이 주 안에서 풍성하도록 주님 축복해 주시고
연초에 우리에게 주신 결심과 소망이 일 년 내내 변치 않도록
주님 함께해 주시옵소서.

이 예배가 주님께는 영광을 드리며 참석한 우리 모두는
큰 은혜를 받으며 영적으로 주님을 만나는 기쁜 시간이 되기를
우리의 영원한 소망이신 예수님 이름으로 기도드립니다.

아멘!

−2005. 01. 02.

# 선한 길로 인도하시는 하나님

전능하신 하나님!
오늘 이 시간까지 우리의 삶을 인도하시고 축복해 주신
하나님의 사랑에 진심으로 감사드립니다.
주님께서는 우리가 어떠한 처지에 있더라도
한순간도 우리 곁을 떠나지 않으시고 늘 우리와 함께하셨고
우리 교회나 나라와 민족이 어려운 일을 당할 때
외면치 않으시고 선한 길로 인도하심에 감사드립니다.

오늘 복된 주일을 허락하시어
사랑하는 성민의 성도들과 주 앞에 나와 예배드릴 수 있도록
은혜 내려 주심을 다시 한 번 감사드립니다.

그러나 우리는 주 앞에 나올 때마다

주께 불순종했던 나 자신의 부끄러운 모습을
숨길 수가 없습니다.
입술로는 당신을 사랑한다고 하면서도
실제는 주님보다 나 자신과 세상을 더 사랑했습니다.
주님이 내 삶의 주인이심에도 불구하고
마치 내가 주인인 것처럼 내 뜻대로 산 적이 많았습니다.
이 시간 우리의 잘못을 다시 한 번 회개하오니
주의 보혈로 우리의 죄와 허물을 용서해 주시옵소서.

자비로우신 주님!
주께 간절히 바라고 원하옵기는
우리에게 굳센 믿음과 지혜와 용기를 주시와
우리가 머무는 곳에서 늘 주의 말씀을 전하며
우리의 삶을 통해 주의 사랑을 실천하며
주가 주신 능력으로 우리가 이웃과 사회를 변화시키며
이 땅에 하나님의 나라를 이루어가는
능력 있는 주의 선한 군사 되기를 소원합니다.

우리 모두 원하고 바라옵기는
부족한 우리도 그리스도의 성품을 본받아
생활 속에 예수 그리스도의 크고 작은 사랑의 흔적을 남기며
삶으로 인하여 하나님 앞에 인정받는 진실하고 능력 있는
주의 자녀가 되기를 소망합니다.

주께서 우리 삶의 중심에 세으므로
우리가 생각하고 행동하는 모든 것을 주가 주장하시어
하나님과 사람 앞에 늘 진실하고 겸손케 하시고
항상 기도하며 노력하여 능력 있는 일꾼 되어
하나님께서 우리에게 주신 가정도 잘 다스리고
주신 기업도 번창케 하여
주님이 기뻐하시는 사업에 쓰임받게 하시고
허락하신 교회를 잘 섬기며
국가에도 큰 몫을 잘 감당케 하소서.

주님!
오늘 저녁부터 집회를 가집니다.
우리가 이번 봄 부흥회에 큰 은혜를 받고자
전 교인이 새벽 기도로 준비를 했습니다.
먼저 보내실 종에게 능력을 더하시어
주께서 우리에게 주시고자 예비하신 말씀을 대언케 하시고
우리 모든 성도는 금번 성회를 통해 변화받게 하시되
돌 같이 굳어진 우리의 마음이 옥토처럼 부드러워져서
주의 말씀이 우리의 심령에 심어져
100배의 열매를 맺게 하시고
낙심 중인 자는 용기와 믿음과 힘을 얻게 하시며
병든 자는 성령의 도우심으로 치유받게 하시고
곤고한 자리에 있는 자 다시 한 번 일으켜 주시며

우둔한 자는 지혜롭게 하시고
교만한 자는 겸손케 하시며
믿음에 나태한 우리가 다시 한 번 도전받는
은혜의 기회가 되게 하소서.

성회 기간 중 많은 성도가 모이게 하시고 좋은 일기도 주시고
악한 영의 방해가 없도록
성부, 성자, 성령님께서 성회를 지켜주시옵소서.

당신이 사랑하시는 한홍신 목사님을 오늘도 단 위에 세우사
주의 말씀을 전하게 하시니 감사합니다.
주님, 우리 한홍신 목사님을 사랑해 주시고 축복하시어
늘 주의 마음을 기쁘게 해드리며
하나님께 인정받고 변함없이 성도님에게 존경받고 사랑받는
진실한 목사 되게 하소서.
당신께서 친히 종을 붙들어주시고
우리에게 꼭 필요한 말씀을 전하게 하시며
전하는 자나 듣는 자가 다 함께 큰 은혜를 받게 하소서.

이른 아침부터 나와 각 부서에서 수고하는 모든 봉사자의 노고를
기억하시고 축복해 주시옵소서.

이 예배가 우리 주님께는 영광을,

우리에게는 영적으로, 인격직으로

우리 주님을 만나며

우리의 기도와 간구가 다 주께 응답받는

기쁨의 시간이 되기를

우리의 영원한 소망이시며 나의 구주가 되시는

예수 그리스도 이름으로 기도드립니다.


아멘!

-2006. 04. 23.

# 평강의 왕으로 이 땅에 오신 예수님

– 2007년 성탄절

지극히 높은 곳에서는 하나님께 영광이요,
땅에서는 기뻐하심을 입은 자들의 평화로다!

기쁘고 복된 성탄을 맞이하여 사랑하는 성민의 성도들이 함께 모여
평강의 왕으로 이 땅에 오신 아기 예수님의 탄생을 축하하며
우리 주님께 성탄절 예배를 드릴 수 있도록
우리를 축복하신 주님께 감사드립니다.

이 지구상의 모든 하나님의 자녀들이 드리는 예배와 영광을
주님 홀로 받으시기를 원합니다.

예수 그리스도가 아니면 죄와 허물로 인하여
사탄의 종이 될 수밖에 없었던 우리에게
구원의 길을 주신 좋으신 우리 하나님께 진심으로 감사드립니다.

또한 이 시간 당신께 감사하옵기는
2007년 한 해를 지나면서
우리에게는 여러 가지 어려움과 유혹이 있었지만
주님의 도우심으로 한 해를 잘 마무리하고
새로운 2008년도를 맞이하게 하심도 감사합니다.

지난 한 해 동안 주께서 우리에게 베푸신
수많은 은혜와 사랑과 축복을 잊지 않고
하나님의 망극하신 은혜에 늘 감사가 넘치는
우리 모두가 되게 하소서.

그러나 우리의 삶을 되돌아보면
당신의 자녀로서 부끄럽고 부족한 부분도 많이 있었음을 고백하며
말씀대로 살지 못했던 우리의 연약함을 인정하며 회개하오니
당신의 크신 사랑으로 용서해 주시기를 바랍니다.

간절히 바라옵기는
앞으로 죄와는 상관없는 성결한 삶을 살 수 있도록
우리를 도와주시고

우리의 구체적인 삶 속에
예수 그리스도의 모습이 나타나게 하소서.


또 주님께 특별히 감사하옵기는
이번 17대 대통령 선거가 아무 사고 없이 무사히 치러짐을 감사합니다.
바라옵기는
이명박 대통령 당선인에게 늘 겸손한 믿음과 올바른 판단력과
지혜로운 마음과 불굴의 의지를 주시어
모든 국민에게 꿈과 비전과 희망을 주며
온 국민이 능력을 총집결해
앞으로 이 나라가 하나님의 뜻을 이루어가는
민족으로 쓰임받을 수 있도록
하나님이 우리나라와 우리 민족을 축복해 주시기를 바랍니다.


새해에는
우리 성민교회가 주님의 마음을
더 기쁘게 해드리는 교회로서 쓰임받게 하시고
우리의 가정에는 주님이 주시는 감사와 평강이 넘치며
우리의 일터에는 주님이 주시는 축복으로
더욱 번성함이 있게 하시고
우리의 자녀들은 주 안에서 지혜롭게 성장케 하시고
우리의 삶 속에 주님의 뜻과 말씀이 이루어지는
복된 삶이 이어지게 하소서.

하나님!
한 해 동안 하나님과 교회를 위하여
최선을 다해 헌신하신 담임목사님, 모든 부교역자님,
교회의 각 부서에서 이름 없이 수고한 모든 성도님의 노고를
주님 아시니 축복해 주시옵소서.

이 시간 우리가 드리는 예배가
하나님이 기뻐 받으시는 산 제사되며
참석한 모든 성도님에게는 위로와 치유와 소망을 주는
기쁨의 시간이 되게 하소서.

성탄의 기쁜 소식이 이 땅과 북한의 동포와
전 세계 모든 나라에 전파되기를 소망하면서
한 해 동안 우리 모두를 선한 길로 인도하시고
우리의 삶을 축복해 주신 우리 주님께 다시 한 번 감사를 드리며
평강의 왕으로 오신 아기 예수님 이름으로 기도드립니다.

아멘!

-2007. 12. 25.

# 영육을 강건케 하시는 하나님

연약한 자에게 힘을 주시고 애통해 하는 자를 위로하시며
병든 자를 고쳐주시는 참 좋으신 우리 하나님을
우리가 진심으로 신뢰하고 사랑합니다.

주께서는 우리의 기도를 외면치 않으시고
사랑하는 조국이 어려움을 당할 때마다
피할 길을 열어주셨을 뿐만 아니라
불과 40, 50년 전만 하더라도 남의 원조로 살아야 했던 우리나라가
주님의 축복으로 이제는 전 세계가 부러워하는 경제 대국으로 성장했고
사랑하는 성민교회를 지난 30여 년간 지켜주셔서
민족 복음화의 사명을 주셨고
사랑하는 성도님들의 가정 가정을 축복해 주심을
다시 한 번 감사드립니다.

지구 상에는 이직도 기아와 굶주림으로
고생하는 많은 나라가 있지만
우리는 주님의 축복 속에 기쁨으로
결실의 계절을 맞이하게 하심을
다시 한 번 감사드립니다.

하오나 우리는 세상에 살면서 우리의 삶을 통해
얼마나 하나님을 기쁘게 해드렸는지
마음과 뜻을 다해 우리 주님을 사랑하며
내 이웃을 진심으로 사랑했는지 돌아보게 됩니다.
당신의 자녀로서 부족하고 부끄러운 일들과
내 허물과 죄와 잘못들을 이 시간 회개하오니
예수 그리스도의 십자가의 보혈로
우리를 정하게 씻어주시기를 간절히 바랍니다.

우리의 기도에 응답해 주시는 자비로우신 하나님!
이 시간 주님께 간절히 바라옵기는
우리에게 늘 지혜로운 마음을 주시고
여호와를 전적으로 의지하며 살게 하시되
어려운 일을 만날 때 쉬이 낙심하거나 좌절치 말고
주님이 주신 믿음으로 이를 극복케 하시며
모든 일이 순조로울 때도 교만해지거나
주님의 사랑과 은혜를 잊어버리지 않게 하시어

어떠한 상황 속에서도 우리의 믿음을 굳게 지키고
주의 말씀이 우리 삶에 기초가 되게 하소서.
우리의 삶의 목표가 이제는 육신의 정욕과 이생의 자랑이 아니라
주님이 주시는 깨끗한 마음과 선한 양심과
거짓 없는 믿음과 능력으로
이 사회를 변화시키며 이 땅에 하나님의 나라를 건설하는
신실한 주의 일꾼이 되게 하소서.

이 시간 주님께 간절히 바라옵기는
우리 자녀들을 축복하시어
그들이 주님의 은총으로 능력 있고 지혜롭게 성장하여
이 나라와 전 인류를 위해
요긴하게 쓰임받는 능력 있는 일꾼들이 되게 하시고
섬기는 성민교회도 이 사회를 향해 하나님의 뜻을 실천하는
능력 있는 교회가 되게 하시며
사랑하는 조국도 주님의 뜻 안에서
남북이 하나 되는 시간도 속히 허락하시고
마지막 때 하나님께 귀하게 쓰임받는 복된 민족이 되게 하소서.

오늘 거룩한 성일을 허락하시어
당신이 사랑하는 성민의 권속들을 불러주시고
당신께 예배드릴 수 있도록 축복하시니
참으로 감사합니다.

또한 당신이 사랑하는 한 목사님을 통해
귀한 말씀을 주시니 감사합니다.
주의 종에게 늘 겸손한 마음을 주시고 주님의 능력을 허락하시며
영육을 강건케 하시고 목사님을 통해 선포되는 주의 말씀이
병든 자에게는 치유의 능력이 나타나 강건케 되며
어렵고 낙심한 자에게는 새로운 소망과 도전을 주는
능력이 임하게 하소서.

교회를 위해 각 부서에서 수고하는 모든 헌신자를 축복하시고
이 시간 임마누엘 찬양대가 드리는 찬양이
하나님의 마음을 기쁘게 해드리는 우리 모두의 고백이 되게 하소서.

우리가 드리는 예배를 통해 주님께서는 영광을 받으시고
우리 모두에게는 인격적으로 주님을 만나는 기쁘고 복된 시간이
되기를 인류의 영원한 소망이신 예수 그리스도 이름으로 기도합니다.

아멘!

-2008. 09. 21.

# 참 좋으신 하나님

날마다 우리의 짐을 대신 져주시는 참 좋으신 하나님!
때를 따라 돕는 은혜를 베푸시는
하나님의 사랑에 감사드립니다.

전 세계적인 금융위기로 인하여
국내의 경제도 어려운 일이 많이 있었고
정치와 사회적인 불안으로 나라가 혼란에 빠진 적도 있었으며
북한의 핵실험으로 인한
남북 간의 긴장이 극도로 고조되는 등
우리의 힘으로는 해결할 수 없는 수많은 문제가
우리를 힘들게 했습니다.

그러나 하나님께서 사랑하는 조국을

주의 권능으로 지키시고 은혜를 베푸사
어려운 가운데도 경제도 조금씩 회복되고 사회도 안정되는 것은
온전히 당신의 은혜임을 인정하며
우리를 향하신 당신의 사랑에 감사드립니다.

여호와를 자기 하나님으로 삼은 백성은 복이 있다 했으니
어떠한 어려움과 고난을 당하더라도
두려워하거나 당황하거나 낙심치 말고
우리의 구세주가 되시는 주님을 전적으로 신뢰하며
오직 여호와를 앙망하며 주의 도우심을 간구하는
지혜로운 민족이 되게 하소서.

자비로우신 주님!
지난 한 주간도 세상에서 살아온 내 삶의 모습을 돌이켜 보며
하나님의 자녀로서 부끄럽게 살아온 나의 죄와 잘못과 허물을
기억하고 회개하오니
주님의 보혈로 우리의 잘못을 용서해 주시기를 간절히 소원합니다.

이 시간 주님께 간절히 비옵기는
우리의 삶의 목표가 더는 육신의 정욕과 이생의 자랑이 아니라
마음과 뜻과 정성을 다해 하나님을 진심으로 사랑하며
이웃을 네 몸과 같이 사랑하라는 주의 뜻을 실천하므로
우리의 삶 속에 예수 그리스도의 향기를 발하는

신실한 크리스천이 되게 하소서.

주의 말씀이 우리 삶에 기초가 되며

우리 모든 판단의 기준이 되므로

좌로나 우로 치우치지 않고 청결한 마음과 선한 양심과

거짓 없는 믿음의 생활로

세상에서 선한 영향력을 발하며 살 수 있도록

우리에게 능력을 주소서.


주님!

우리는 그 누구보다 하나님으로부터 많은 은혜와 축복을 받았는데

지금까지 받은바 은혜에 감사하기보다는

살아가면서 만나게 되는 자그마한 불편함과

세상의 일들이 내 생각과 맞지 않는다는 이유로

불평과 불만을 말하는 어린아이와 같은 모습을 보일 때가 많았습니다.

범사에 감사할 줄 모르며 불평하는 잘못을 더는 저지르지 말고

주께서 이 시간까지 우리에게 베푸신

놀라운 사랑에 깊이 감사하므로

계속 주님의 보호와 축복을 받는 지혜로운 삶을 살게 하소서.


이웃이나 사회와 나라가 나에게 도움을 주기를 바라는 자가 아니라

내가 이웃과 사회와 나라를 위해

어떤 유익한 일을 할지 늘 고민하며

주께서 주신 조그마한 능력이라도 베풀며 사는

성숙한 시민이 되게 하소서.

자비로우신 하나님!
특별히 사랑하는 우리의 자녀들에게 은혜에 은혜를 더하시어
세상의 유혹에 빠지지 않도록 지혜에 지혜를 더하시고
주님 나라를 이 땅에 건설하는 데
귀하게 쓰임받는 신실한 주의 군사가 되게 하소서.
우리의 가정과 사업을 축복하시어
이 땅에서 살아가는 동안 주의 뜻을 실천하는 데
부족함이 없게 하소서.

이 시간 말씀을 선포하시는 한 목사님을
주께서 지켜주시므로
늘 겸손하며 진실한 마음으로 목회에 최선을 다하며
성민의 성도들을 주의 뜻대로 이끌 능력도 주시옵소서.

우리가 드리는 예배를 주님 기쁘게 받으시며
여기 모인 우리 모두의 마음의 간구와 기도를
주님 응답해 주시기를 간구합니다.
감사를 드리오며 예수님 이름으로 기도드립니다.

아멘!

−2009. 07. 05.

# 우리의 짐을 대신 지시는 예수님

날마다 우리의 짐을 지며
때를 따라 돕는 은혜를 베풀어주시는
참 좋으신 나의 하나님께 감사드립니다.

주님께서는 지난 한 주간도
무더위 속에서 우리를 지켜주시고
복된 주일 주님께 나와 예배드릴 수 있는
귀한 시간 주심을 감사합니다.

우리는 하나님의 자녀지만
나의 마음은 여전히 세상을 향하고 있고
하나님께 소망을 두기보다는 아직도 땅의 것에 소망을 두고 있으며
우리 주님을 전적으로 신뢰하지 못하고

내 노력으로 살려고 한
나의 우둔함과 교만을 용서해 주시기를 바랍니다.

자비로우신 하나님!
우리는 주님께 실망을 드리고
주님의 마음을 아프게 한 일도 많았으며
또 주의 뜻을 실천하지 못했습니다.
우리의 잘못을 회개하오니
우리의 허물을 다시 한 번 용서해 주시옵소서.

주님께 간절히 바라옵기는
우리에게 더욱 겸손한 믿음과 지혜와 올바른 판단력을 주시어
주님께 온전히 순종하며 주님이 주시는 능력을 덧입게 하시고
어려운 일을 당하더라도
실망하거나 낙심치 말고 더 주님을 의지하며
기쁘고 즐거운 일을 만나면 주님께 더욱 감사하고
세상에 나아가서는 하나님의 선한 일꾼으로
세상을 변화시키며
하나님의 손과 발이 될 수 있도록 우리를 도와주시옵소서.

주님!
우리는 하나님의 도움 없이 우리의 힘이나 능력으로
아무런 일도 행할 수 없는 연약한 자임을

다시 한 번 고백하오니
우리를 도우사 늘 어려운 이웃에게 힘과 용기와 소망을 주며
내가 속한 삶의 현장에서 그리스도의 사랑의 흔적을 남기며 사는
하나님의 신실한 자녀가 되게 하소서.


주님께 특별히 감사하옵기는
사랑하는 조국이 어려울 때마다
피할 길을 열어주시고
전 세계가 부러워할 정도로
우리나라를 축복해 주심을 감사드립니다.
주께서 우리에게 베푸신 은혜에 늘 감사하는 민족이 되게 하소서.


아직도 고통을 받고 있는 북한의 동포들에게도
주님 은혜를 베푸시고
하나님의 도우심으로 남북이 평화적으로 통일되며
제2의 선민으로서 역할을 잘 감당하는 민족이 되게 하소서.


성전을 아름답게 꾸밀 수 있도록
본당 재건축 공사를 허락하신 주님 감사합니다.
시작하신 분도 주님이시며 진행하시는 분도 주님이시오니
남은 모든 공정도 하나님이 친히 주관하시어
모든 공정을 차질 없게 해주시고
필요한 재원도 주님이 채워 주실 줄 믿고 감사드립니다.

이 시간 또 신심으로 원하옵기는
우리 성민교회가 하나님의 뜻을 전하며
주님의 사랑을 실천함에 부족함이 없도록 도와주시고
이 교회를 이끌어 나가시는 한홍신 목사님에게
늘 겸손한 믿음과 지혜로운 마음과 열정을 주시어
목회를 잘 감당케 하시고
주님께 사랑받고 성도들에게 존경받는 신실한 일꾼 되게 하소서.

각 부서에서 교회를 섬기는 모든 성도님들의 헌신을
주님 기쁘게 받으시고
우리 교회가 주의 뜻을 잘 실천하는
사랑의 성민 공동체가 되게 하소서.

우리가 드리는 예배가 하나님의 마음을 기쁘게 해드리며
우리가 주님을 만나며
우리의 기도가 응답받는 기쁘고 복된 시간이 되기를
인류의 영원한 소망이신 예수님 이름으로 기도드립니다.

아멘!

−2010. 08. 08.

# 변함없이 지켜주시는 하나님

하나님!

금년도에는 이 지구촌에 기상이변으로 인한 홍수와 산사태

그리고 전 세계적인 금융위기 등으로

어렵고 힘든 일이 많이 있었지만

주님께서 우리를 변함없이 사랑하시고 지켜주시고

때를 따라 돕는 은혜를 베푸시어

이 아름답고 풍요한 결실의 계절을

맞이하게 하시니 그 깊은 사랑에 감사드립니다.


바라옵기는

"주께서 내게 베푸신 모든 은혜를 내가 무엇으로 보답하리요."라고

고백한 시편 기자처럼

우리의 삶 속에 주님에 대한 감사가 넘치게 하소서.

수님, 우리의 모습을 돌이켜 보면
우리는 받은바 은혜에 감사치 못하고
여전히 어린아이처럼 자그마한 어려움에도
쉬이 불평했으며
모르고 지은 죄도 있겠지만
또 죄의 길인 줄 알며 지은 죄도 있습니다.
우리의 어리석음과 잘못을 다시 한 번 회개하오니
우리의 연약함을 아시는 주님께서
우리의 잘못을 용서해 주시옵소서.

주님, 이 시간 주님께 간구하옵기는
우리의 삶이 나만을 생각하는
이기적인 모습에서 떠나기를 원합니다.
주님께서 주신 시간과 건강과 재능과 모든 것들이
내 것이 아님을 인정하고
주님께 빚진 자의 자세로 주님을 기쁘시게 하는 삶을 살며
우리의 삶 속에 예수 그리스도의 모습이 발견되며
주님의 향기를 발하는
신실한 주의 자녀가 되도록 우리를 도와주십시오.

지금도 고통 속에 있는
사랑하는 북한의 동포들을 도와주십시오.
사랑하는 조국이 주님의 뜻 안에서 남북이 하나 되어

주님이 다시 오실 때까지
복음을 전하는 선민 국가가 되기를 원합니다.
또한 우리의 자녀들을 축복하시어 그들에게 지혜와 믿음을 주시어
세상에 나가 하나님의 선한 군사가 되기를 원합니다.

한홍신 담임목사님에게 늘 겸손한 믿음과 지혜와 명철을 주시어
성민교회를 주님 뜻 안에 성장시키도록 도와주시고
성도님들에게 용기와 위로와 소망의 말씀을 전하게 하소서.

교회 각 부서에서 수고하는 모든 성도님의 사랑의 헌신을 통해
성민교회가 사랑이 넘치고 주의 말씀을 실천하며
주님께 칭찬받고 세상에서 인정받는 아름다운 교회가 되기를 원합니다.

우리가 정성을 다해 드리는 예배와 찬양을 주님 기쁘게 받으시고
이 성전에 모여 당신을 사모하는 마음으로 당신께 머리 숙인
당신의 자녀들 한 사람 한 사람 주님께서 친히 만나주시어
주 안에서 위로받고 우리들의 소원과 간구가 주 안에서 응답받는
기쁘고 즐겁고 복된 시간이 되기를
우리의 영원한 소망이신 예수님 이름으로 기도드립니다.

아멘!

-2011. 10. 16.

# 친구가 되어 주시는 하나님

하나님 아버지!
우리들의 연약함을 아시고
때를 따라 돕는 은혜를 베풀어주시는
주님의 변함없는 은혜와 사랑에 감사드립니다.

우리가 어렵고 힘든 일을 만나
영육 간에 지쳐 있을 때
주님은 우리 곁을 떠나지 않으시고 우리를 위로해 주시고
힘과 용기를 주셨으며
우리에게 기쁘고 즐거운 일이 있을 때
우리와 함께 기쁨을 나누셨으며
언제나 우리와 동행하시고
우리의 좋은 친구가 되어 주심을 감사드립니다.

전능하신 주님께서 우리의 선한 목자가 되셔서
이 시간까지 우리의 삶을 축복해 주시므로
우리가 주님의 자녀가 되었으며
우리의 가정이 화목하며
우리의 일터에 주님이 주시는 감사 거리가 넘치며
우리 교회도 지난 35년간 주 안에서 평안했습니다.

외국의 도움 없이 내 힘으로 살 수 없었던
지극히 가난했던 우리나라가
이제는 어려운 나라들을 도와주는 경제 강국이 되었습니다.
하나님 참 감사합니다.

"주께서 내게 베푸신 모든 은혜를 내가 무엇으로 보답하리요."라고 한
시편 기자의 고백이
우리 모두의 진정한 고백이 되기를 간절히 원합니다.

주님, 우리가 모두 하나님께 큰 빚을 진 자임을
한시도 잊지 않게 하소서.

이제는 우리의 기도가 나에게 세상의 것을 더 많이 달라는 기도에
머물지 말게 하시고
받은바 은혜에 감사하며 내가 진정 하나님의 자녀로
주님을 기쁘시게 하는 삶을 살고 있는지

항상 니 자신을 점검하며
먼저 그의 나라와 그 의를 구하며
날마다 주님께 더 가까이 가는 노력을 하길 원합니다.

내가 주께 받은 모든 축복을
나만을 위해 누리는 자가 되기보다는
어려운 이웃에게 사랑을 나누며
우리가 속한 곳에서 그리스도의 향기를 발하게 하시고
우리의 삶 속에서 그리스도의 모습이 발견되기를 원합니다.

이새의 아들 다윗이 하나님 보시기에
내 마음에 합한 자라는 인정을 받은 것처럼
우리가 모두 주님께 인정받는 자가 되기를 원합니다.

그러나 이러한 일들은 우리의 노력과 힘으로는 할 수 없으니
성령님께서 우리를 도우시고
주님이 우리에게 힘과 능력을 주시옵소서.

이 시간 주님께 간절히 바라옵기는
아직도 굶주림과 억압 속에서 고통을 당하고 있는
북한의 동포들을 기억하시고
북한에도 자유와 평안을 주시고
우리나라가 주님 뜻 안에서 남북이 통일되는 날을 속히 허락하시고

우리나라가 이 땅에 하나님 나라를 이루어가는 일에
귀하게 쓰임받는 복된 국가가 되기를 원합니다.
또한 이번 대통령 선거도 주님이 친히 주관하시어
하나님이 원하시고 이 나라를 공의와 지혜로 이끌어 나갈
사명감 있는 지도자를 선택할 수 있도록
모든 국민에게 올바른 판단력을 주시옵소서.

이 교회를 이끄시는 담임목사님에게
항상 주의 권능으로 함께하사
성민의 성도들에게 풍성한 영의 양식을 공급하게 하소서.
이 땅의 모든 교회가 주의 사랑을 실천하며 말씀을 전하므로
세상에서 사랑받고 주님으로부터 칭찬받는 교회가 되기를 원합니다.

이 시간 당신의 사랑하는 성도들이
뜻과 정성을 모아 드리는 예배와 찬양을 주님 기쁘게 받으시고
이 자리에 머리 숙인 당신의 자녀들 한 심령 한 심령
친히 만나 주시고 마음의 기도와 간구에 주님 응답해 주시옵소서.

주께서 베푸시는 은혜에 다시 한 번 깊이 감사드리며
우리의 영원한 소망이신 예수님 이름으로 기도합니다.

아멘!

−2012. 10. 18.

## 내 연약함을 감당해 주시는 하나님

자비로우신 하나님!
금년도에도 우리에게 이렇게 아름답고 풍요로운 추수의 계절을 주시어
성민의 성도님들이 주님 앞에 모여 예배를 드리며
주님께서 지금까지 우리에게 베풀어주신 놀라운 은혜에
감사와 찬양을 드릴 시간을 주심에 진심으로 감사드립니다.

우리가 개인적으로 힘든 일을 만날 때마다
주님께서는 우리 곁을 떠나지 않으시고 항상 우리와 함께 아파하시며
우리가 그 어려움을 이겨낼 수 있도록 힘과 능력을 주셨으며
우리나라가 국가적으로 어려운 일을 당할 때마다
피할 길을 열어주셨음을 진심으로 감사드립니다.

불과 30, 40년 전만 하더라도 외국의 원조 없이

우리 힘만으로는 살 수 없었던 지극히 연약했던 우리나라가
주님의 도우심과 축복으로
이제는 전 세계가 부러워하는 경제 대국이 되어
어려운 나라들을 도와주는 세계의 중심 국가로 성장했습니다.
오늘의 나와 우리나라가 있음은
우리의 노력이나 내 힘으로 이룬 것이 아니라
주님의 전적인 돌보심과 축복이 있었기에
가능했음을 한시도 잊지 않고
주님의 사랑에 항상 감사하며
주님이 우리에게 명하신 크고 작은 일들에 최선을 다함으로써
더욱 주님께 사랑받고 인정받는
신실한 주님의 자녀가 되도록 도와주십시오.

우리의 지나간 삶들을 돌아보면
주님 앞에 부끄러운 일들이 많이 있음을 인정합니다.
내가 주님의 자녀로서 신실한 삶을 살지 못했으며
세상 속에서 빛과 소금의 직분도
제대로 감당하지 못했음을 고백하고 회개합니다.

주님이 때를 따라 우리를 도와주시고
선한 길로 인도해 주심 없이
내 힘과 능력으로 한 일이 거의 없음을 다시 한 번 인정하며
나의 연약함을 감당해 주실 분이

우리 주님이심을 고백하오니 주님께서 우리의 생각과 삶을
온전히 주장해 주시기를 간절히 원합니다.

이 시간 주님께 간절히 기도드리기는
주님이 세우신 성민교회가
하나님이 명하신 사랑의 실천과 복음을
땅 끝까지 전하는 일에 항상 최선을 다하게 하시고
특별히 기도로 준비 중인
11월 3일 "새 생명 초청 행복한 동행"의 귀한 행사를 통해
많은 영혼을 주님께 인도할 수 있도록
우리 모두에게 지혜와 능력과 열정을 주십시오.

또한 주님께 간구하옵기는
남북 간의 모든 현안도 주님이 주관해 주십시오.
개성 공단, 북한의 핵 문제, 이산가족 상봉 등 우리의 능력과
지혜만으로는 해결할 수 없는 문제들이 우리 앞에 있습니다.
주님이 선한 길로 인도해 주시어
주님의 뜻 안에서 평화적인 남북통일도 이루어주시고
이 땅에 하나님의 나라를 건설하는 일에
우리나라와 우리 민족이 귀하게 쓰임받기를 간절히 원합니다.

특별히 주님께 기도드리기는
주님, 우리의 자녀들을 축복해 주십시오.

세상에 나아가 죄악의 유혹에 빠지지 않도록 지켜주시고
각자의 처소에서 그리스도의 사랑을 실천하는
아름다운 손과 발이 되어 하나님을 기쁘게 해드리며
세상에서 사랑받는 귀한 자녀들이 되도록 도와주십시오.

이 교회를 섬기는 한홍신 담임목사님과 모든 교역자 분
그리고 교회의 각 부서에서 주어진 일들에
최선을 다하시는 모든 성민의 성도님들,
주님 축복해 주시어 각자에게 명하신 일들을 잘 감당하도록 도와주시고
우리 성민교회가 사랑이 넘치는 아름다운 교회가 되도록
축복해 주십시오.

이 시간, 당신이 사랑하시는 성민의 성도님들이
정성을 다해 드리는 예배와 찬양을 우리 주님 기쁘게 받아주십시오.

목사님의 말씀을 통해 우리는 모두
주님이 주시는 위로와 치유와 감사가 넘치는
기쁘고 복된 시간이 되기를 간절히 바라며
우리의 영원한 소망이 되시는 우리 구주 예수 그리스도 이름으로
기도드립니다.

아멘!

—2013. 09. 22.

# 인도해 주시는 하나님

전능하신 하나님!
주님께서 여기에 하나님의 성전인 성민교회를 친히 세우시고
지난 37년간 주님이 우리에게 명하신
크고 작은 일들을 감당하도록
우리 성민교회와 성민의 성도님들을 지켜주심에 감사드립니다.

하나님이 명하신 일들을
우리의 연약함과 부족함과 게으름으로
제대로 감당하지 못했음을 주님께 인정하고 사죄드립니다.

우리의 생활 속에서 하나님을 실망케 한 경우도
수없이 많았지만
주님이 친히 이 교회를 지켜주시고

성도님들의 삶 속에 역사하셔서
하나님의 나라가 이 땅에 이루어져 감을 바라보며
주님이 하시는 일을 통해 우리는 소망과 기쁨을 얻었고
하나님께서 이루어가실 거룩한 일들을 바라며 기대합니다.

주님께 기도드리기는
우리는 내가 내 삶의 주인이 아니라
주님이 내 삶의 주인이심을 고백하며
주님의 뜻을 먼저 깨닫게 도와주십시오.
하나님이 나를 통해 어떤 일을 이루기를 원하시는지
늘 기도하며 깨닫고
성령님의 인도하심에 더욱 민감하도록 도와주십시오.

내가 현재 가지고 있으며
또 장차 나에게 주어질 시간, 건강, 재능, 물질 등
나에게 속한 모든 것이 다 주님에게서 왔으며
내가 가진 모든 것은 나를 위함이 아니라
주님의 뜻을 이루기 위함임을
우선 인정하고 우리가 관리자로서 책임을 다하게 도와주십시오.
주님이 나에게 허락하신 모든 것이
주님이 원하시는 대로
주님이 기뻐하시는 길로 가도록 도와주십시오.

우리의 주가 되시는 하나님!

오늘 성민교회에 뜻깊고 기쁜 일을 주심에

참으로 감사드립니다.

그동안 주님의 교회를 사랑하시고

선한 믿음의 길을 달려오신 권사님, 집사님들께서

그간 교회가 명하신 책무를 주님 은혜로 다 마치시고

이제 많은 교인과 후배들의 존경과 축복 속에

그 무거운 책임을 내려놓으시고

귀한 은퇴를 하시게 되었습니다.

또한 주님이 성민교회와 우리를 통해 새 일을 행하시려고

15분의 안수집사님과 30분의 권사님을 세워주시니 감사합니다.


먼저, 그간 남다른 헌신과 수고를 하시고

오늘 은퇴하게 되시는 모든 은퇴자 분의 헌신과 수고를

주님께서 기억하시고 축복해 주십시오.

오늘 은퇴하시는 한 분 한 분에게

주님이 주시는 평안과 기쁨이 넘치게 해주십시오.

또한 오늘 임직을 받게 되는 임직자 분들도 주님 축복해 주십시오.

많은 사람 중에 택하여

주님의 일꾼으로 삼으신 주님께 감사하며

임직자 분들이 두렵고 떨리는 마음으로

이 직분을 받게 해주십시오.

하나님이 주시는 직분은
사랑과 헌신과 순종과 희생 없이는 불가능한 일이며
주님의 도우심 없이 우리의 능력과 노력만으로는
주님이 우리에게 명하시는 일들을 감당할 수 없음을 고백합니다.

이 시간 주님께 간구하고 기도드리기는
만왕의 왕이신 우리 예수님께서
이 땅에 오셔서 우리에게 보여 주신
그 겸손함과 온유함과 지혜로운 마음을
우리 임직자 분들에게 주십시오.
무시로 기도하고 말씀을 더욱 묵상하며
어려운 이웃을 돌보고 주님의 사랑을 실천하며
하나님의 나라를 이 땅에 이루어가는
선하고 아름다운 여정을 변함없이 달려갈 수 있도록
우리 주님이 오늘 임직받는 모든 분을 지켜주십시오.

나 자신의 판단이나 육신의 소리보다
성령의 명하심에 더 민감케 하시고
항상 나보다 남을 더 귀히 여기며
내 유익에 집착치 않게 하시고
우리 주님을 높이는 일에 최선을 다하도록
모두에게 지혜를 주십시오.

어려운 일들을 만날 때
더욱 주님을 의지하게 해주시고
내 지혜나 판단이 아니라
주님이 주시는 마음과 시각을 가지며
더 깊이 묵상하고 기도하며
그 어려움을 이겨내도록 지혜를 주십시오.

오늘 임직을 받으시는 항존 직분자들의 헌신과 수고를 통해
주님은 영광을 받으시고
성민교회는 더 든든하게 세워지며
또 많은 성도님에게 도전과 소망과 기쁨을 주며
신앙의 선배로서 귀한 모범을 보여 주는
선한 일꾼이 되도록
우리 주님이 임직자 모든 분을 축복하시고 도와주십시오.

좋으신 하나님!
주님께서 우리 교회에 새로운 일꾼들을 세우심을
다시 감사드리며
우리 직분자 한 분 한 분 눈동자 같이 지켜주시므로
어려울 때 힘이 되어 주시고 지혜를 주심으로
직분자들이 주어진 사명을 잘 감당하므로
주님께 칭찬받고 교회로부터 사랑과 존경을 받는
신실한 일꾼이 되도록 도와주십시오.

오늘 말씀을 선포하시는 최덕운 목사님에게

주님 함께해 주시고 선포되는 말씀을 통해

주님이 예비하신 은혜와 축복과 기쁨이 넘치게 도와주십시오.


우리가 드리는 예배와 찬양을 통해

우리 주님 홀로 영광받으시길 비오며

우리의 영원한 소망이시며

우리의 구세주 되시는 예수 그리스도 이름으로 기도드립니다.


아멘!

−2014. 12. 14.

# 끝없이 용서하시는 하나님

자비로우신 하나님!
부족하고 연약한 우리를 당신의 귀한 자녀로 삼아주시고
때를 따라 돕는 은혜를 베풀어주시는 은혜에 감사드립니다.

우리는 세상일에 얽매어 사느라
주님의 사랑을 잊어버리고
여전히 육신의 정욕과 이생의 자랑 속에 지냈지만
주님께서는 한순간도 우리를 떠나지 않으시고
변함없는 사랑의 눈으로 우리를 돌보시고 품어주심을 감사드립니다.

주님의 도우심 없이 마치 나 혼자 힘으로도 세상을 이기며
나에게 다가오는 모든 문제를 해결해 나갈 수 있는 것처럼 사는
우리의 잘못과 교만함과 우둔함을 주님 용서해 주십시오.

주님의 도우심 없이 내가 할 수 있는 일은 거의 없음을
다시 한 번 깨닫게 해주십시오.
오직 주님만이 내 힘이며 내 능력의 원천임을 인정하고
모든 일에 기도와 간구로
주님의 도우심과 인도하심을 간구하며
늘 겸손한 자세로 주님을 전적으로 신뢰하고
주님의 능력을 의지하며 살게 해주십시오.

또한 주님이 내게 허락하신 시간과 건강과 재능과 물질 등
내가 가진 그 모든 것이 다 주님에게서 왔음을 인정하며
주님 뜻 안에서 온전하고 바르게 사용할 수 있는 지혜를 주십시오.

세상 속에서도 우리는 하나님의 자녀임을 항상 기억하고
주님이 내게 명하시는 크고 작은 일들에 최선을 다하며
우리의 삶 속에 그리스도의 모습이 보이며
그리스도의 향기를 발할 수 있도록 도와주십시오.

지금 우리는 여러 가지 어려운 문제를 가지고 있습니다.
남북 간의 긴장이 더 고조되고
북한에는 억압과 굶주림이 심각하며
사회적으로는 계층 간의 갈등이 여전하여
불신의 골이 더 깊어가고 있으며
경제도 회복이 심히 어려워지고 있음을 부인할 수 없습니다.

이 어려운 시기를 맞이하여
우리 믿음의 식구들이 더욱 주님 앞에 겸손한 마음으로 기도하며
주님의 도우심을 간구하고 우리가 속한 곳에서
내가 해야 할 사명과 책임을 다하고
나보다는 우리와 이웃을 먼저 생각하며
함께 더불어 살아가는 그리스도의 공동체를 이루어가도록
우리에게 그리스도의 마음과 능력을 주십시오.

하나님!
성민교회가 주님의 온전하신 뜻을 이루는 데
귀하게 쓰임받기를 원합니다.
특별히 "비전 2017"을 통해 주님의 뜻을 이루어 드리며
우리의 자녀들이 주 안에서 올곧게 성장하여
사회의 각 처소에서 세상을 변화시키는
주님의 선한 군사가 되게 하시고
우리의 가정에는 주님이 주시는 기쁨과 감사가 넘치게 해주십시오.

오늘도 주님께 나와 예배드리고 찬양할 수 있는
시간 주셔서 감사합니다.
우리가 정성을 다해 드리는 예배를
주님 기쁘게 받아주십시오.

말씀을 전하시는 한 목사님을

주님이 붙들어주심으로
늘 겸손하고 능력 있는 귀한 일꾼이 되게 도와주십시오.

오늘 예배에 참석한 모든 분의 기도를
주님 응답해 주시기를 소원합니다.
우리는 모두 이 예배를 통해 주님을 만나며
주님께서 세상 속에서 상처받고
상한 심령을 회복시켜 주시며
주님이 우리에게 주시는 평안과 안식과
기쁨과 소망을 얻기를 간절히 소원하며
우리의 영원한 소망이신 우리 주 예수 그리스도 이름으로 기도합니다.

아멘!

−2015. 07. 12.

# 역사를 주관하시는 하나님

전능하신 하나님!
주님의 도우심과 인도하심으로
금년에도 기쁨으로 추수 감사절을 맞이하며
전 교인이 마음과 정성을 모아 특별 새벽 기도회를 통해
주님께 우리의 감사를 드릴 시간을 주시니 참 감사합니다.

지난 10개월의 우리의 삶을 돌이켜 보면
주님 앞에 우리의 모습은 여전히 부족하고
참 부끄러운 부분이 아직 많이 남아 있음을 인정하면서
우리가 좀 더 주님의 성품을 닮아가길 소망합니다.

간절히 바라옵기는
항상 주님과 더 깊은 영적인 교제를 가지며

우리 주님이 원하시는 그 길을 우리가 가기를 원하오니
연약한 우리를 주님이 항상 붙들어주시기를 소망합니다.

자비로우신 하나님!
최근 우리나라는 지극히 어려운 정치적인 상황으로 인하여
모든 국민들이 국가의 앞날을 심히 염려하고 있으며
사회적인 불안으로 경제도 심히 위중한 가운데 있습니다.
대통령을 비롯해 정치인들의 적절치 못한 국가 운영으로
국가 전체가 흔들리고 있음을 부인할 수 없습니다.

정치 지도자들은 국가의 미래를 염려하고
국민을 생각하기보다는
오직 자신과 자기가 속한 당의 유익을 먼저 생각하는
너무 이기적이고 무책임한 행동으로
국민이 심히 불안해하고 있습니다.
건국 후 최대의 정치 위기가
지금 우리 앞에 있음을 부인하기 어렵습니다.

역사를 주관하시는 전능하신 하나님!
우리가 당면한 이번의 국가적인 위기는
우리의 힘과 노력만으로는
해결할 수 없는 너무나 위중한 상황입니다.

지금과 같이 국가적인 비상사태를 맞이하여
우리가 어느 특정한 사람이나 집단을 비난하고
책임을 남에게 돌리거나
거리로 나아가 시위를 하거나
두려운 마음을 가지지 않게 도와주십시오.
나라가 이처럼 위중한 시기에
나는 사랑하는 내 나라를 위해 어떠한 일을 할 것이며
내가 처한 곳에서 어떤 사명과 책임을 다하며
함께 힘을 합해 어떻게 이 난국과 어려움을 헤쳐 나갈지를 기도하며
우리 주님께 지혜와 용기와 힘을 구하는
성숙한 국민이 되도록 도와주십시오.


우리나라는 지난 역사 속에서 어려울 때일수록
온 국민이 힘을 합해
수없이 많은 국가적인 어려움을 극복해 온
자랑스러운 민족이었음을 다시 깨닫게 하시고
결코 두려워하거나 불안해하지 않게 해주십시오.
그동안 수많은 역경과 고난 속에서
우리나라와 우리 민족을 지켜주셨던 우리 주님께
더 간절히 기도하고 자신의 허물을 회개하며
온 국민이 힘을 합해 이 위기를 지혜롭고 슬기롭게
극복할 수 있도록
우리 모두가 힘과 능력을 모으게 해주십시오.

이 시간 다시 한 번 주님께 간절히 바라고 기도하옵기는
이 어려운 시기에 서로 비방하거나 상대방에게 책임을 떠넘기는 일은
문제해결에 아무 도움이 되지 않음을 깨닫게 해주십시오.
어려울 때일수록 모든 국민이 힘과 지혜를 함께 모으고
겸손한 마음으로 주님의 도우심과 인도하심을 간구하게 해주십시오.

특별히 박 대통령이 진심으로 그간 자신의 잘못을 인정하고
국민과 함께 이 위기를 극복하기 위해 자신을 내려놓고
여야의 모든 정치 지도자들이 모여서 중지를 모아
온 국민이 함께 이 위기를 극복할 수 있도록
주님이 그분들에게 국민과 소통하는 겸손함과 지혜를 주십시오.

우리의 참 소망이 되시는 하나님!
특히 우리 믿음의 식구들이 어려울 때 더욱 기도에 힘쓰며
우리의 국력을 모아서 이 국가적인 위기를 극복하는 데
더 큰 몫을 감당하도록 도와주십시오.

우리가 전적으로 주님을 신뢰하며
우리나라의 앞날을 주님 손에 올려드립니다.

이 나라를 이끌어 나가는 것은
정치인이 하는 것이 아니요,
우리 주님께서 주관하시므로

주님이 우리나라를 평안하게 지켜주시고

남북 문제도 주님의 권능으로 평화적인 통일을 이루어주십시오.

우리 주님을 온전히 신뢰하며

국가의 미래와 우리의 삶을 주님께 의탁하오며

우리의 영원한 소망이 되시는 예수님 이름으로 기도드립니다.


아멘!

-2016. 11. 15.

# 우리의 참 소망이신 하나님

– 2016년 송구영신 예배

전능하신 하나님!

우리 주님의 도우심과 인도하심 속에서

2016년을 무사히 보내고

주님이 우리에게 허락하시는

희망의 새해 2017년을 맞이하면서

나의 소망이 되고 내가 진정으로 사랑하며

전적으로 신뢰하는 우리 주님께

예배드릴 수 있는 시간을 주심에 감사드립니다.


지나간 한 해를 돌이켜 보면

내 힘과 능으로 한 일은 거의 없었습니다.

이 시간까지 날려놀 수 있었음은
온전히 주님의 은혜였음을 고백하며
주님의 크신 사랑에 다시 한 번 깊은 감사를 드립니다.

주님은 변함없는 사랑으로 항상 우리 곁에 계셨으며
우리를 축복하시고 우리가 주의 뜻을 이루시기를 원하셨지만
우리는 하나님을 기쁘시게 해드리는 일보다
내 육신의 일과 세상의 일에 더 얽매어서
주의 일에 충성하지 못했음을 고백합니다.

우리의 연약함을 아시는 주님!
지난 한 해 동안 주님을 실망시켜 드린
우리의 모든 죄를 기억하지 마시고
우리의 교만한 언행으로 형제와 이웃에게 상처를 주었던
우리의 허물과 잘못을 이 시간 회개하오니 용서해 주십시오.

이제 새해를 맞이하면서
우리의 마음이 좀 더 주님께 가까이 가며
우리의 성품도 주님을 닮아 가기를 간절히 소망합니다.

우리의 마음과 뜻을 세상에 두지 않고 주님께 향하게 하소서.
어떤 상황 속에서도 우리의 시선이
주님을 향하게 도와주십시오.

늘 주님과 영적으로 교통하며

주님의 미세한 음성에 귀 기울이며

우리의 삶 속에서 주님의 거룩한 뜻을 이루어가도록

주님 도와주십시오.

간절히 바라옵기는

새해부터는 우리의 기도가 주 안에서 좀 더 성숙하여

내 뜻을 이루기 위한 기도보다는

주님의 뜻을 이루는 기도를 먼저하고

나의 소원을 주님께 드리기 전에

어려운 이웃과 교회와 나라를 위한 기도를 먼저 드릴 수 있는

성숙한 크리스천이 되기를 소망합니다.


참 좋으신 주님!

또한 우리의 삶 속에서

우리 주님이 원하시는 모습이 보이기를 원합니다.

상대의 허물과 잘못과 실수를 지적하고 비난하기보다는

사랑으로 이해하며 감싸주고 덮어주는 사랑의 마음을 주십시오.


주님이 보시기에 우리는 여전히 죄인이며

한없이 부족한 인간임을 깨닫게 하시어

항상 겸손함을 잊지 않도록 하시고

주 안에서 좀 더 거룩한 삶, 사랑의 열매를 풍성히 맺는 삶을

살 수 있도록 우리에게 지혜를 주십시오.

우리의 참 소망이신 하나님!
새해에는 우리나라의 정치적인 상황도
좀 더 안정되게 하시고
위정자나 국민이 자신의 유익보다는 국가의 유익을 먼저 생각하며
좀 더 성숙한 민주 시민으로 통일 한국을 준비하게 도와주십시오.

이 어려운 시기에 한국의 교회가 국가를 위한 기도에
최선을 다하며
주님의 정의와 공의를 이 땅에 이루는 일에
전력으로 경주하게 도와주십시오.

우리의 일터는 주님의 도우심과 인도하심 가운데
더욱 번성하며
노사가 협력하고 상대를 서로 배려하므로
일터가 사랑으로 하나 되도록 축복해 주십시오.

또한 우리의 가정은 하나님이 주시는 축복과 감사가 항상 넘치며
자녀들이 주님 말씀과 사랑 안에서 건강하게 성장하고
하나님의 선한 일꾼으로 쓰임받기를 간절히 소원합니다.

교회의 머리가 되시는 하나님!
주께서 친히 세우신 성민교회가 이제 창립 40주년을 맞이합니다.
이 교회를 지난 40년간 지켜주시고 사용해 주심을 감사합니다.

간절히 바라옵기는

우리 성민교회가 새해에도 주님께 귀하게 쓰임받으며

주님의 뜻을 이루어가는 아름다운 교회가 되기를 소망합니다.

교회를 섬기는 한 목사님과 모든 교역자를 축복하시고

주께서 명하신 사명을 잘 감당토록

힘과 능력과 겸손함을 주십시오.


지난 한 해 동안 우리 주님께서 우리에게 베풀어주신

모든 은혜와 사랑과 축복에 다시 한 번 깊은 감사를 드립니다.

2017년도 우리의 모든 삶과 우리의 기도를

주님 손에 올려드리며

우리의 영원한 소망이신 예수 그리스도 이름으로 기도드립니다.


아멘!

−2016. 12. 31.

# 담대하게 나아갈 수 있도록
# 붙들어주시는 하나님

참 좋으신 하나님!
우리로 하여금 하나님을 신뢰하고 주님의 선하심을 기대하며
주님과 교통하고 살아갈 수 있는 믿음을 주시니 감사합니다.

세상을 살아가며 우리는 수많은 문제와
어렵고 힘든 일들을 만나고
때로는 낙심도 하고 실망을 하는 경우도 많이 있지만
그런 가운데서도 주님께 기대하며 주님께 기도할 힘을 주시고
주님은 나의 아버지시며 구세주가 되심을
고백할 수 있음을 감사드립니다.

이 땅에 살아가는 우리 모두는

주님의 인도하심과 주님의 도우심 없이
내 힘과 능력으로 할 수 있는 일이 거의 없음을 다시 깨닫게 하시고
어떤 어려움 속에서도 낙심하거나 실망치 않게 하시고
모든 상황을 주관하시는 주님께 기대하며
전적으로 주님을 신뢰하고
담대한 마음으로 나아갈 수 있도록 우리를 붙들어주십시오.

"아무것도 염려하지 말고 다만 모든 일에 기도와 간구로 너희 구할 것을
감사함으로 하나님께 아뢰라."는 주님께서 주신 약속의 말씀을
전적으로 신뢰하며 나아가는 우리 모두가 되도록 도와주십시오.

전능하신 하나님!
지금 우리나라는 새로운 대통령을 선출하는 국가적으로 중대한 선거와
북한의 핵 개발로 인한 남북 간의 긴장 상태와 한반도의 안전 문제,
한반도를 둘러싼 열강의 세력 다툼 속에 국가를 지켜야 하는
역사적인 책임, 주님이 베푸신 수많은 은혜에 감사할 줄 모르고
불만을 토로하는 일부 국민들, 나만을 생각하고 우리를 볼 줄 모르는
이기적인 집단의 염려스러운 행동 등
너무 많은 문제가 우리 앞에 놓여 있음을 부인할 수 없습니다.

이 시간 주님께 간절히 바라옵기는
우리 모든 국민은 내가 갖지 못한 것에 대한 불만이나
불평을 말하기 전에

주님이 그들인 우리에게 허락하신 수많은 축복을 깨닫게 하시고
받은 은혜에 먼저 감사할 줄 아는 성숙한 국민이 되게 도와주십시오.
이 지구상의 200여 나라 가운데 우리 대한민국은
주님으로부터 가장 많은 축복을 받은 나라임을 알게 해주십시오.
자그마한 불편함에 불평하기 전에 주님이 베푸신 사랑에
감사할 줄 아는 성숙한 국민, 신실한 성도가 되게 해주십시오.

주님이 우리에게 지혜와 분별력을 주심으로
항상 기뻐하며 쉬지 말고 기도하고
범사에 감사할 줄 아는 성숙한 시민,
성숙한 성도가 되도록 도와주십시오.

이번 대통령 선거에도 우리 모든 국민에게 진정 주님의 마음에 합한
확실한 국가관을 가진 지도자를 선택할 수 있는
분별력과 판단력을 주시어 좌우로 치우치지 않게 해주십시오.
또한 국가나 사회가 나에게 무엇을 해줄 것인지를 묻기 전에
나는 내가 속한 사회와 나라를 위해
어떠한 몫을 감당할지를 먼저 생각하고
묵묵히 나의 갈 길을 달려갈 수 있는 지혜와 믿음과 능력을
모든 국민들에게 허락해 주십시오.

그리하여 머지않은 통일 한국을 온 국민이 함께 기도로 준비하며
우리 대한민국이 하나님의 선민으로서

주님이 원하시는 세계 선교와
하나님의 뜻을 이 땅에 이루어가는 귀한 나라와
민족이 되기를 원합니다.

지난 40년간 성민교회를 지켜주심에 감사드리며
성민의 성도님들이 하나님의 마음을 기쁘게 해드리는
선한 청지기가 되도록 도와주십시오.

이 시간에도 당신이 사랑하시는 성민의 성도들을
주님 전에 불러주시므로
모두가 정성을 다해 예배와 찬양을 드리게 하시니 감사합니다.
이 시간이 우리는 주님을 영적으로 만나며
우리의 기도와 간구가 주님의 뜻 안에서
아름답게 응답받는 기쁘고 즐거운 시간이기를 소원합니다.

우리가 마음을 다해 드리는 예배와 찬양을
주님 기쁘게 받아주시고
주님의 영광만이 선포되는 기쁘고 복된 시간이 되기를
인간의 영원한 기쁨이시요,
소망되시는 예수님 이름으로 기도드립니다.

아멘!

—2017. 04. 23.

# 때를 따라 돕는 은혜를 베푸시는 하나님
## – 수련회

전능하신 하나님!
주님께서 우리 대한민국과 한민족을 지극히 사랑하셔서
이 민족의 복음화와 세계 선교를 위한 주님의 원대한 계획 속에
성민교회를 친히 세우시고 지난 40년간 한시도 쉬지 않고 일하시며
주님의 나라를 이 땅 위에 이루어가심을 감사합니다.

또한 주님께 더욱 감사하옵기는
주님이 하시는 그 위대한 일에 부족한 우리를 불러주셔서
주님과 함께 일할 수 있는 기회를 주시고
우리를 당신의 선한 일꾼으로 불러주심을 감사합니다.

우둔한 우리는 주님의 그 무한하신 계획과 뜻과 예정하심을

다 이해할 수도 없고 헤아릴 수도 없지만
주님께서는 우리의 죄를 대속하시기 위해 이 땅에 오셔서
죄 없으신 주님이 몸소 십자가의 고난을 당하시며
우리의 모든 죄를 그리스도의 보혈로 깨끗하게 씻어주시고
지금도 변함없는 사랑을 베푸시고 때를 따라 돕는 은혜를 베푸시는
우리 주님의 망극하신 사랑을 우리가 알고 있기에
우리 모두는 주님의 크신 사랑에 항상 깊은 감사를 드립니다.

사랑의 하나님!
주님께서 성민교회를 세우신 40주년을 맞이하여
온 성민의 성도님들이 그간 주님이 베푸신 사랑에 다시 한 번 감사드립니다.
또한 주님이 우리에게 명하신 사명과 책임을 깊이 묵상하고
주님의 음성을 들으며 주님과 좀 더 친밀한 교제를 갖기 위해
"주님과 함께 숲 속을 거닐며"라는 주제 아래
500여 성도님들이 이 자리에 모였습니다.

우리를 이 시간 이 자리에 불러주심도 주님이 하신 일이오니
비록 2박 3일의 짧은 시간이지만 이번 수련회를 통해
주님과의 개인적인 만남이 있기를 간절히 소망합니다.
우리의 마음과 시선을 온전히 주님께 고정하고
주님만 바라보는 시간을 가지게 도와주십시오.
주님의 세미한 음성을 들을 수 있는 기회를 주십시오.
이번 수련회 기간만이라도 세상의 일들을 내려놓고
주님과의 영적인 대화만 하게 도와주시고

우리 주님을 인격직으로 만나는 기회를 가질 수 있도록 도와주십시오.
우리의 기도가 나 자신만을 위한 이기적인 기도에서 벗어나
이 땅 위에 하나님의 나라의 건설과 주의 뜻을 이루는 일을 위해
기도할 수 있도록 우리의 마음을 주님이 주장해 주십시오.

전능하신 주님!
많은 교인들이 모처럼 함께한 귀한 자리입니다.
온 성도님들이 함께 그리스도의 사랑을 나누게 해주십시오.
항상 상대를 배려하며 상대의 아픔을 이해하고 함께 위로하며
또한 기쁨을 나누는 복된 시간들이 되도록 주님 축복해 주십시오.
첫 시간부터 주님이 주시는 은혜가 넘치며
이후의 모든 순서 위에 주님이 함께하시므로
주님이 주시는 사랑과 은혜가 넘치는 아름다운 시간들로 채워 주십시오.
2박 3일간의 날씨도 주님 주관하시므로 좋은 일기도 주시고
우리가 숲 속을 거닐 때 주님이 항상 우리와 동행해 주시므로
감사와 기쁨과 찬양이 넘치는 시간들로 채워 주십시오.

모든 영광을 우리 주님께 올려드리며
우리와 함께 숲을 거닐어 주실 예수님 이름으로 기도드립니다.

아멘!

—2017. 07. 31.

# 우리 곁에 살아 계시는 하나님

전능하신 하나님!
주님께서는 항상 우리 곁을 떠나지 않으시고
우리의 생각을 통찰하시고 사랑으로 우리를 돌보시며
때를 따라 돕는 은혜를 베푸심에 깊이 감사드립니다.

그러나 우리의 지나간 삶을 뒤돌아보면
주님이 보시기에 부족하고 부끄러운 부분들이
수없이 많음을 인정합니다.

우리는 여전히 주님 앞에 불순종하고 교만했을 뿐만 아니라
주님을 의지하고 주님께 소망을 두기보다는
여전히 나 자신의 능력으로 살려고 했고
주님보다는 세상에 더 소망을 두었던 부끄러운 모습을 발견합니다.

이 시간 주님께 긴절히 바라옵기는
주님 앞에서 우리의 교만함과 불순종을 다시 회개하며
살아가면서 이웃을 사랑하지 못하고 상처 준 일들을 깊이 반성하며
지금까지 지내 온 것이 다 주님의 은혜요, 주님의 사랑이었음을
우리가 진정으로 고백하는 시간이 되기를 간절히 소망합니다.

이 시간 다시 한 번 주님께 간절히 바라옵기는
주님이 허락하신 우리의 귀중한 삶과 시간과 재능을
내 육신의 정욕과 이생의 자랑을 얻는 데 몰두하지 않게 하시고
우리가 무엇을 하든지
그 일을 통해 주님의 뜻을 이루어가며
하나님이 원하시는 뜻을 이루어가는 데 우리가 쓰임받기를 원합니다.

부족한 우리를 주님의 자녀 삼으시고
주님의 일꾼으로 불러주심에 항상 감사하며
늘 주님과 동행하는 삶을 살게 도와주십시오.

전능하신 주님!
이 나라를 사랑해 주시고 축복해 주심에 다시 감사드립니다.
최근 북한의 핵 문제로 한반도가 다시 한 번 위험한 상황임을
부정하기는 어렵지만
최근 우리에게 다가오는 상황에 대해
우리 국민이 결코 당황하거나 두려워하지 않게 하시고

역사를 주관하시는 주님을 전적으로 신뢰하고
주님만 바라보며 담대히 나아갈 수 있는 믿음을 주십시오.

우리 대한민국은 지금까지 수많은 어려움과 시련을 겪었지만
그때마다 우리 주님께서 피할 길을 열어주셨으며
고난과 연단을 통해 우리 민족을 더 강하게 만들어주셨고
그 고난 속에는 우리가 미처 깨닫지 못했던 주님의 뜻과
깊은 사랑이 있음을 우리가 경험하고 또 알고 있기에
우리 모든 국민에게 어떤 상황 속에서도
주님을 더욱 신뢰하고
기도하며 나아갈 수 있는 지혜와 믿음과 용기를 주십시오.

또한 주님께 간절히 바라옵기는
위정자들에게 국가와 국민을 위해
어떤 길이 참으로 옳고 바른길인지
올바르게 판단할 수 있는 지혜와 분별력을 주시고
우리 국민들에게도 나 자신의 유익에만 집착하여
이웃과 사회와 국가의 미래를 생각하지 않는 우를 범하지 않도록
올바른 판단력을 주십시오.

이 어려운 시기에
믿는 우리들이 주님께 더 간절히 기도하며
우리에게 주어진 사명과 책임을 잘 감당할 수 있도록 도와주십시오.

주님께 감사하 옵기는
지난 40년간 성민교회를 지켜주셔서 참으로 감사합니다.
우리가 새로운 10년을 준비하면서 우리 한 사람 한 사람 주님 앞에
바른 신앙으로 하나님이 기뻐하시는
삶을 살아갈 수 있도록 도와주시고
성민교회가 하나님의 거룩하고 온전한 뜻을 이루어가므로
하나님께 칭찬받고 세상에서도 사랑받는 교회가 되게 도와주십시오.

우리 주님께 다시 한 번 감사하옵기는
오늘도 귀한 성일을 허락하시어
주님이 당신이 사랑하시는 성민의 성도님들을 불러주시므로
주님께 예배드릴 수 있는 복된 시간 주심을 감사합니다.

우리가 정성을 다해 드리는 찬양과 예배를 주님 기쁘게 받아주시고
목사님의 말씀을 통해 우리에게 전하시는 주님의 말씀이
여기 머리 숙인 당신의 자녀들에게
기쁨과 소망과 위로를 주시는 능력의 말씀이 되기를 비오며
우리의 영원한 소망이신 예수님 이름으로 기도드립니다.

아멘!

-2017. 09. 10.

# 마음의 소원과 입술의 간구에
# 일일이 응답하시는 하나님

참 좋으신 하나님!
2017년 한 해를 마무리하면서
한 해 동안 주님이 우리에게 베푸신 크신 사랑을
다시 한 번 생각하며
우리 주님의 한없는 은혜에 깊은 감사를 드립니다.

주님이 보시기에 우리는 여전히 게으르고 교만하며
실로 주님 앞에 선 나의 모습은 부끄러운 부분이 너무 많았지만
주님께서는 변함없는 은혜와 사랑으로
우리와 함께해 주셨기에
여러 가지 어려운 가운데도 금년 한 해를 무사히 마치게 됨에
다시 한 번 깊은 감사를 드리며

또 주님이 행히 실 새해를 소망 가운데 기대하며
기도로 새로운 2018년을 준비하는 우리 모두가 되도록 도와주십시오.

금년 한 해도 국내적으로 수많은 문제들이
우리를 힘들게 했습니다.
정권 교체로 인하여 인위적인 인적 청산 작업의 혼란,
자신의 유익만을 요구하는 계층 간의 갈등으로 인한 많은 사회적인 문제,
진정 국가와 국민과 사회의 백년대계를 내다보고
미래를 준비하기보다는 단기적인 인기 영합의 정책에
집중하는 정치 지도자들의 실망스러운 모습,
북한의 핵 개발로 인한 국가의 안보 위기 등
우리의 힘으로 해결키 어려운 수많은 난제가
아직 우리 앞에 있음을 부인할 수 없습니다.

비록 우리 앞에는 아직 풀어야 할 수많은 난제가 있지만
하나님께서 우리 모든 국민에게 지혜와 분별력과 용기를 주셔서
어떠한 어려움에도 용기를 잃지 않게 하시고
진정 국가와 민족의 앞날을 위해 내가 어떤 몫을 감당하며
우리의 후손을 위해 어떤 희생을 할 수 있는지를
항상 생각하게 해주시고
주님이 주시는 지혜와 분별력으로 이 어려움을
지혜롭게 극복할 수 있도록
우리가 늘 기도하며

주님의 도우심을 바라며 나아가도록 도와주십시오.

바라옵기는
우리가 모두 역사의 주관자이신 주님을 전적으로 신뢰하고
우리를 도와주시는 하나님의 세미한 음성에 늘 귀 기울이며
주님이 우리를 통해 하시고자 하는 일에 늘 순종하게 도와주십시오.

우리가 나의 생각이나 내가 원하는 것이 아니라
주님이 원하시는 일에
우리 삶의 우선순위를 둘 수 있도록 우리에게 믿음을 주십시오.

비록 작은 일이라도 주님이 기뻐하시는 일에
우리의 시간과 정성과 노력을 경주하도록
우리의 삶을 주님이 주관해 주시기를 소망합니다.
우리 모두가 주님께 항상 순종하는 삶을
살아갈 수 있도록 도와주십시오.

새해에는 우리 믿음의 공동체와 한국의 교회가
이 사회와 이 나라를 바르게 이끌어 나갈 수 있도록
능력을 주시고
하나님으로부터 인정받고 세상으로부터 사랑받게 도와주십시오.

우리 주님께서 이 땅에 친히 오신 성탄절을 맞이하면서

주님이 우리를 얼마나 사랑하시는지를 늘 잊지 않게 해주십시오.
현실의 삶 속에서 어렵고 힘든 일을 만나더라도
쉬이 낙심하거나 좌절치 않게 하시고
주님이 주시는 믿음과 용기로 우리가 만나는 문제들을
지혜롭게 극복하며
주님이 원하시는 그 길을 믿음으로 나아갈 수 있도록
도와주시기를 소망합니다.

사랑의 하나님!
우리 대한민국은 하나님의 축복 속에
전 세계가 부러워하는 선진국이 되었지만
지금도 굶주림과 고통 속에 있는
북한의 동포들을 생각하면 마음이 아픕니다.
70여 년간의 긴 세월 동안 억압 속에 살아가는 우리의 형제들을
주님 긍휼히 여기시고
주님의 강권적인 역사로 자유로움을
누릴 날을 속히 허락해 주십시오.

우리 대한민국이 주님의 도우심으로
평화적인 통일을 이룰 수 있게 해주시고
8천 만 우리 국민이
세계 열방을 하나님의 나라로 이루어가는 데
귀하게 쓰임받는 나라와 민족이 되기를 간절히 기도합니다.

오늘도 당신의 자녀들

주님 앞에 예배와 찬양을 드리오니

우리가 드리는 예배를 우리 주님 기쁘게 받아주시고

마음의 소원과 입술의 간구에도 주님 일일이 응답해 주십시오.


바라옵기는

이 예배를 통해 주님이 주시는 말씀으로

우리 모두의 마음이 기쁨과 감사와 소망으로 넘치게 하시고

인격적으로 주님을 만나는 기쁨의 시간이 되기를 비오며

우리의 영원한 소망이신 예수 그리스도 이름으로 기도드립니다.


아멘!

-2017. 12. 10.

# 피할 길을 열어주시는 하나님

참 좋으신 하나님!
창조주 하나님께서 예수 그리스도를 우리 가운데 보내주셔서
우리의 모든 죄를 대속해 주시고
부족한 우리를 하나님의 귀한 자녀로 택해 주셨고
항상 우리와 함께 계시며 때를 따라 돕는 은혜를 베푸시므로
주는 그리스도시요,
살아 계신 하나님의 아들이시며
나의 구세주이심을
늘 마음속으로 고백할 수 있는 특권을 주심에 진심으로 감사드립니다.

우리가 세상 속에 살면서
나의 힘과 능력으로 감당키 어려운 일들을 만날 때마다
우리 주님이 우리의 힘이 되어 주시고

우리를 붙들어주시고 감당할 힘을 주시니 참 감사합니다.
그러나 우리는 우둔하여 주님이 베푸신 수많은 사랑과 은혜를
쉬이 잊어버리고
마치 내 능력과 노력으로 살아온 것처럼 생각하며
하나님의 사랑에 대한 감사가 부족했으며
삶 속에서 주님의 자녀로서
부끄러운 부분이 수없이 많음을 고백하고 주 앞에 나왔으니
우리 주님의 크신 사랑으로 우리의 잘못과 허물을
다시 한 번 용서해 주시기를 간절히 소원합니다.

이 시간 주님께 간구하옵기는
우리에게 전적으로 주님을 신뢰하고 따를 수 있는 믿음을 주십시오.

세상을 살아가면서 만나게 되는 일들이
아무리 어렵고 힘들더라도
눈앞의 어려움보다는 모든 상황을 주관하고 계시는
주님을 더욱 신뢰하며
온전히 주님만 바라보며 나아갈 수 있도록 우리를 붙들어 주십시오.

하나님께서는 우리가 감당치 못할 어려움을 주지 않으시며
또 어려울 때는 피할 길을 열어주시겠노라 약속하셨으니
주님의 말씀을 늘 묵상하고 주님과 깊은 교제를 가지며
우리의 구원자이신 주님과 늘 동행할 믿음을 주십시오.

역사의 주관자가 되시는 하나님!

최근 한반도의 비핵화와 남북 간의 미래를 결정할

아주 중대한 정치 상황이 진행되고 있습니다.

우리나라와 민족의 앞날의 운명을 결정하게 될 이 중차대한 일들은

우리의 지혜와 능력만으로는 해결할 수 없으니

주님이 친히 이 상황을 주관하셔서

남북이 평화적으로 통일이 되도록 도와주십시오.


대통령을 비롯한 위정자들에게 참다운 지혜와 명철함을 주셔서

국가의 백년대계를 생각하여 평화적인 남북통일을 이루는 데

국민의 힘과 국가의 모든 역량을 모을 수 있도록 도와주십시오.


우리 주님께 간절히 바라옵기는

이 중차대한 시기에 믿는 우리들이

주님 앞에 더 깊이 기도하고 주님의 도우심을 간구하며

각자의 처소에서 주어진 사명에 최선을 다하므로

열방을 하나님의 나라로 이루어가는 데

우리 대한민국과 모든 국민이

하나님 앞에 귀하고 바르게 쓰임받기를 간절히 소망합니다.


주님께 특별히 감사하옵기는

주님이 세우신 성민교회가 지난 40여 년간 주님의 도우심 속에

민족 복음화와 세계 선교의 비전을 품고 기도하며

달려가게 하심을 감사드리며
앞으로도 그 사명에 더 충실할 수 있도록 도와주십시오.

특별히 바라옵기는
자라나는 우리 청소년들을 축복하셔서
그들의 마음속에 주님을 전적으로 신뢰하고
따를 수 있는 믿음을 주셔서
세상에 나아가 주님의 사랑을 실천하며 주의 뜻을 이루어가는
하나님의 귀한 일꾼들이 되기를 간절히 소망합니다.

이 시간 주님 앞에 나온 성도님 한 분 한 분을 주님 만나주시고
마음의 소원과 입술의 간구에도 주님이 응답해 주시므로
주님이 주시는 기쁨과 소망이 넘치게 도와주십시오.

이 예배를 통해 우리 주님 홀로 영광받으시기를 비오며
우리의 영원한 소망이신 예수님 이름으로 기도드립니다.

아멘!

−2018. 03. 18.

# 멀리서도 내 생각을
# 밝히 아시는 전능하신 하나님

피곤한 자에게 능력을 주시고
무능한 자에게 힘을 더해 주시는 좋으신 하나님!
주님께서는 나의 앉고 일어섬을 다 아시고
멀리서도 내 생각을 밝히 아시는 전능하신 분이시며
내가 주님을 온전히 신뢰하고 따를 수 있는 믿음도
주님이 우리에게 주신 귀한 축복임을 이 시간 다시 고백합니다.

나에게는 주님으로부터 사랑받을 아무런 의와 공로가 없었지만
때를 따라 돕는 은혜를 베풀어주시는 우리 주님의 놀라운 은혜와
항상 우리와 동행해 주시는 성령님의 인도하심 속에 살아갈 수 있는
축복을 주심에 다시 한 번 감사드립니다.

이 시간 주님께 특별히 감사드리기는
우리나라가 어려운 일을 당할 때마다
주님은 우리를 긍휼히 여기사
항상 피할 길을 열어주셨고
우리가 기대하고 원했던 것보다 더 좋은 것으로
우리에게 베풀어주심을 다시 한 번 감사드립니다.

복음의 불모지였던 이 나라가
주님의 축복 속에 복음을 받아들이고
이제는 열방을 향해 복음을 전하는 민족으로 성장시켜 주셨으며
외국의 원조 없이 내 힘으로는 살 수 없었던 지극히 가난했던 이 나라가
세계 10대 경제 강국으로 성장하여 어려운 나라들을 도와주고
제3세계 국가들의 성장 롤 모델이 될 정도로 축복받은 민족이 됨은
모든 국민의 노력도 있었지만
절대적으로 하나님의 축복이었음을 우리 국민이 잊지 않게 하시고
하나님께 대한 진심 어린 감사와 찬양을 잊지 않도록 도와주십시오.

우리 대한민국이 지난 70여 년간
분단의 국가적인 아픔이 있지만
이제는 남북이 대결을 멈추고 공생의 길을 찾고 있습니다.
이 또한 하나님의 섭리 가운데 진행되고 있음을 믿고 감사를 드립니다.

먼저, 모든 국민이 주님 앞에 더 기도하며

이 민족의 아픔을 주님이 치유해 주시고
주님이 원하시는 평화적인 통일을 이루어
열방을 향해 주님의 뜻을 이루는 민족으로
쓰임받기를 간절히 소망합니다.

곧 미국과 북한 간의 회담 그리고 남북 간의 회담 등
앞으로 우리나라의 운명을 결정하게 될 중요한 회담들이
준비되고 진행되는 가운데 있습니다.
인간의 역사는 하나님이 주관하시기에
주님께서 우리를 가장 선한 길,
가장 좋은 길로 인도해 주시리라 믿고 있습니다.

이 시간 주님께 간절히 간구하옵기는
주님께서 문 대통령에게 올바른 지혜와 명철과 판단력을 주십시오.
국가와 민족의 미래가 달린 중요한 일을 논의하는 모든 회담에서
좌파의 교활한 책략에 속거나 이용당하지 않도록
주님이 막아주시고
작은 실수나 우도 범하는 일이 없도록 우리 주님이 주관해 주십시오.

우리 모든 국민이 주님을 전적으로 신뢰하며 기도하게 하시고
하나님께서 이 민족에게 명하신
열방을 향한 주님의 뜻과 사랑을 실천하는 일에
더 최선을 다하는 국가와 민족이 되게 축복해 주십시오.

오늘도 주님을 진심으로 사랑하는 성도님들 주님 앞에 나왔습니다.
이 시간이 우리 모두에게 하나님을 향한 우리의 사랑을
고백하는 시간이 되기를 원합니다.

주님, 목사님을 통해 주시는 말씀으로
세상에서 상처받은 자 품어주시고 위로해 주십시오.
육신의 병이나 마음의 병으로 고통받는 자 치유해 주십시오.
어려운 문제로 주님께 부르짖는 자 친히 응답해 주십시오.

우리의 모든 짐을 주님께 내려놓을 수 있는 믿음을 주시고
주님이 주시는 위로와 평강과 기쁨과 감사가
우리 마음에 충만하며
주님과 깊은 영적 교제를 가질 수 있도록 성령님 도와주십시오.

이 예배가 주님의 마음을 기쁘게 해드리기를 간절히 원하며
우리의 소망이신 예수님 이름으로 기도드립니다.

아멘!

−2018. 06. 03.

# 나의 구세주 하나님
– 성민교회 시무장로 마지막 공예배 기도문

전능하신 하나님!
우리가 주님의 이름을 부를 때마다
우리의 연약함을 아시고
때를 따라 돕는 은혜를 베풀어주신 주님께 먼저 감사를 드립니다.

내가 여기까지 달려올 수 있었음은 전적으로 하나님의 은혜였으며
주님의 도우심과 인도하심 없이는 불가능한 일임을 알기에
다시 한 번 주님이 베푸신 모든 은혜에 깊은 감사를 드립니다.

그러나 한편 주님 앞에서 나의 모습, 살아온 길을 되돌아보면
참으로 부족하고 부끄러운 일들이 많이 있음을 부인하지 못합니다.

내 마음속은 여전히 인간적인 교만함으로
가득 차 있음을 고백합니다.
주님께 소망을 둔다고 하면서 세상에 더 소망을 둔 적이 많았으며
주님을 사랑한다고 하면서도
나 자신을 더 사랑하고 있음을 인정합니다.

간절히 바라옵기는
주님이 나의 허물과 부족함을 용서해 주시고
우리 주님이 내 생각을 온전히 주장해 주심으로 인하여
늘 주님 앞에 겸손하며
주님의 말씀에 온전히 순종하는 삶을 살길 원합니다.
내 죄를 구속하기 위해 십자가에서 고난을 겪으신
예수님의 사랑을 잊지 않게 하시며
빚진 자의 심령으로 살아가게 도와주소서.

주는 그리스도시요, 살아 계신 하나님의 아들이시며
나의 구세주이심을 항상 고백하며 살도록 도와주소서.
주님이 허락하신 나의 삶이
내 육신의 정욕이나 이생의 자랑에 얽매이지 않게 하시고
나의 삶 속에서 주님의 거룩하고 온전한 뜻을
이루어갈 수 있도록 주님이 나의 삶을 주장해 주십시오.

우리는 인간이기에 항상 그릇된 길로 가지 않도록 도와주시고

나의 생가이나 주장을 말하기 전에
먼저 주님의 뜻이 무엇인지,
진정 주님이 원하시는 길이 무엇인지
항상 주님의 말씀을 묵상하며
주님의 온전하신 뜻을 바로 아는 일에 게으르지 않도록 도와주소서.

우리 주님께서는
우리가 합력하여 선을 이루기를 원하는 분이시기에
우리가 교회 공동체 안에서 항상 상대의 의견을 존중하는
성숙한 신앙인의 자세를 유지하며
사회에서도 인정받는 품격 있는 삶을 살도록 도와주소서.

"주는 자가 받는 자보다 복되다"는 주님의 말씀대로
우리의 삶 속에서 손을 펴 내 손길이 있어야 하는 곳을 찾아서
그리스도의 사랑을 나누는 일에 동참할 수 있도록
우리의 삶을 주님이 온전히 주장해 주시기를 원합니다.

참 좋으신 하나님!
사랑하는 조국이 어려움을 당할 때마다
피할 길을 열어주셨으며
항상 최선의 길로 우리나라를 인도해 주심을 감사합니다.

지금 진행 중인 남북 간의 비핵화 회담도 주님이 주관해 주시므로

평화적인 통일의 길로 인도해 주시리라 믿고 감사를 드립니다.
우리 모든 국민은 역사를 주관하시는 주님을 전적으로 신뢰하며
이 땅에 하나님의 나라를 이루어가는 일에
우리 대한민국이 귀하게 쓰임받는 국가가 되기를 간절히 소망합니다.

주님이 성민교회를 세우시므로
온 성도들이 지난 40여 년간 민족과 세계를 품고
기도할 수 있도록 축복하심을 감사합니다.

우리 성민 공동체가 지역사회를 향한 주님의 뜻과 사랑을 실천하며
열방을 품고 기도하며 주님이 원하시는 길을 계속해 갈 수 있도록
모든 성민 성도들의 마음과 삶을 주관해 주십시오.

주님, 특별히 자라나는 성민의 모든 청소년을 지켜주십시오.
그들의 마음에 주님을 진심으로 신뢰하며
따를 수 있는 믿음을 주시고
우리 청소년들이 세속에 물들지 않도록
주님이 주시는 올바른 분별력으로
각자의 삶 속에서 주님의 온전하고 거룩한 뜻을 이루게 도와주십시오.
우리의 삶 속에서 주님을 향한 감사가 끊이지 않게 하시고
주님과 깊은 영적 교제를 지속할 수 있도록 도와주십시오.

이 시간 주님께 간절히 바라옵기는

우리가 정성을 다해 드리는 예배를
우리 주님 기쁘게 받아주십시오.
주님이 주시는 말씀으로
우리에게는 위로와 평강과 치유가 넘치며
우리가 주님을 인격적으로 만나는
기쁨의 시간이 되기를 간절히 바라며
우리의 영원한 소망이신 예수님 이름으로 기도드립니다.

아멘!

-2018. 09. 09.

동백섬을 배경으로 해운대에서(1967. 05.)

은혜 안의 나의 삶
# 감사의 추억들!

백경제 '연무대회' 기념(1967. 06. 18.)

수산대학 시절(1969)

수산대학 대대장 후보생(1969)

수산대학 시절(1970)

동경 농대에서(1970. 10.)

인도의 뉴델리에서(1977. 03. 24.)

해군 김영철 소위

뉴욕 출장 시(1985)

수산대학 연병장에서의 임관식(1970)

임관 후 첫 출동한 독도에서(1971. 04.)

순천함에서(1971)

정복 착용(1972)

결혼식(1977. 01.)

신혼 여행지인 속리산에서(1997. 01. 22.)

이란 기지에서(1974. 04.)

베니스 여행(1985)

우루과이 수산청장, 대우 사장과 함께 대우센터에서(1985)

북경 방문(1988)

오양수산 김성수 회장과 함께 북경에서(1988)

아버님의 칠순잔치(1989)

등소평 장녀와 함께 등림미술관에서

사할린 방문(1990)

모스크바 여행 시(1990)

남미 최남단 우수아이아(1990)

아르헨티나 회의 후(1990)

백두산 천지에서(1991. 07. 17.)

방콕 여행(19941. 07.)

괌 여행(1995)

조강호 회장과 함께 아르헨티나에서(1991)

미국 그랜드 캐니언에서(1991)

시애틀 레이니어(Rainier) 산에서(1996)

케이프타운 테이블 마운틴

미창실업 창립예배에서 인사–신현균 목사님과 함께(1992. 06.)

가족여행–시애틀 레이니어 산에서(1996)

에펠탑 앞에서(2015)

미국 샌프란시스코에서(1996)

만리장성에서(1996)

연대 송자 총장과 함께(1997)

큰 딸 고등학교 졸업(1999)

큰 딸과 보스턴에서(2000)

노르웨이에서(2000)

**171**

영국의 WEC선교회 국제본부 앞에서

체코 여행(2004)

이스탄불 성 소피아 성당 앞에서(2017)

브뤼셀 쇼 부스에서(2004)

아우슈비츠 수용소에서(2004)

중국 태항산에서(2015)

오스트리아 비엔나에서

부모님과 형제자매-거제도 여행

성민교회 여름 수련회

어머님 92세 생신-오남매와 함께 베데스다 병원에서(2015. 02.)

독일 베를린 브라덴부르크 문에서(2004)

가족 사진-둘째 딸 결혼식

결혼 40주년 기념-둘째 딸 가족과 함께

필자의 칠순 기념(2018)

미국에 거주하는 큰 딸의 자녀들과 함께(2018)

# Part 2

# 단상短想 등

설교, 기도문, 주례사, 편지, 단상 등

# 여호와는 구원이시다

– 새벽기도 설교(2008년) : 호세아 7장

중심 내용을 잠시 살펴보겠습니다.

호세아의 아내 고멜은 창녀 출신으로 선지자의 아내로서의 자격은 없었으나 하나님의 은혜로 선지자와 결혼을 하게 되었습니다. 하지만 그녀는 가정에 충실하지 않았을 뿐만 아니라 남편을 버리고 가출하여 매춘 행위를 했습니다.

그런 일이 현실에서 일어난다면 당장 혼인 파탄의 책임을 물어 버림을 받겠지만, 호세아는 주님의 뜻에 따라 바람난 아내를 불쌍히 여겨 아내의 마음을 돌이키기 위해 무진장 애를 썼습니다. 마침내 남편의 지극한 정성이 통해 그녀가 가정으로 돌아왔고 그 후 그들은 행복하게 살았다는 내용입니다.

이는 하나님을 의지해야 할 이스라엘 민족이 하나님을 버리고 바알을 숭배했으므로 하나님으로부터 버림을 받아 마땅했지만, 하나님은 이스라엘 민족에게 긍휼을 베푸시어 끝까지 인내하시고 그들을 당신의 사랑으로 품어주신 것과 같습니다.

7장 10절에 하나님이 이스라엘 민족을 책망하시는 장면이 나옵니다.

당시 이스라엘 민족은 악을 행하고 속이며 강도와 약탈, 거짓말, 간음 등 실로 하나님이 싫어하시는 온갖 나쁜 일들을 행합니다. 특히 궤사를 행했다고 했습니다.

'궤사'라는 단어가 조금 생소하여 사전을 찾아보니 '다른 사람을 계획적으로 속이는 행위,' '진실이 아닌 것을 진실처럼 의도적으로 속이는 행위'라고 나옵니다.

출애굽기를 보면, 하나님은 구름기둥과 불 기둥으로 이스라엘 민족을 애굽에서 가나안으로 인도하셨고 수많은 기사와 이적을 베푸셨습니다. 그럼에도 불구하고 이스라엘 민족이 하나님 앞에서 행한 불순종과 교만을 보면 안타깝습니다.

그러나 실은 그 모습이 바로 우리들의 모습입니다. 죄와 허물로 인하여 죽을 수밖에 없는 우리가 하나님의 은혜로 구원을 얻었는데, 우리는 주님을 온전히 의지하지 못하고 불순종합니다.

하나님이 가장 싫어하시는 것은 교만입니다. 하나님은 교만한 자를 대적하시고, 겸손한 자에게 은혜를 베푸시는 분입니다. 솔직히 저도 마음속에, 그리고 삶 속에 교만한 부분이 많이 있어서 늘 주님께 겸손한 사람이 될 수 있도록 도와달라는 기도를 합니다.

우리는 하나님께 우리 마음속의 교만을 물리쳐 주시고, 하나님과 사람들 앞에서 늘 겸손한 사람이 되게 해달라고 기도해야 합니다.

7장 11절에 보면, 이스라엘은 전능하신 하나님을 의지하기보다는 이집트, 앗시리아 등 당시 강국을 더 의지했습니다.

우리의 모습은 어떻습니까? 우리가 살면서 어려움을 만날 때 하나님께 나와 먼저 기도하고 하나님의 도우심을 간구하기보다는 인간을 의지하고 자신의 재능과 물질을 더 의지하지는 않습니까?

시편 139장에는 하나님은 멀리서도 우리의 생각을 통찰하시고 우리의 모든 문제를 이미 알고 계시는 분이라 했으며, 이사야서 42장 3절에는 상한 갈대도 꺾지 않으시고 꺼져 가는 등불도 끄지 않으시는 분이라 했습니다.

실로 하나님은 언제나 우리를 도와주시기를 기뻐하시는 분입니다. 우리는 전적으로 하나님을 의지하고, 신뢰하고, 그분만을 따를 수 있는 믿음을 달라고 항상 기도해야 합니다.

7장 13절에서는 하나님을 떠난 민족은 화가 있다고 경고하십니다.

달리 표현하면 이렇습니다. 하나님과 함께하는 민족은 복 있는 백성입니다. 이 지구상에는 200여 개 나라가 있는데, 저는 그중 40여 나라를 가보았지만 가장 풍요롭고 잘 사는 나라가 미국이었습니다.

그들이 왜 다른 나라보다 잘 사는지 분석해 보면 이유가 있습니다.

우리나라와 미국 기독교를 간단히 비교해 볼까 합니다. 우리나라는 세계에서 인구 대비 교회가 가장 많습니다. 심지어 주일 예배를 7부까지 드리는 교회도 있습니다. 새벽기도도 가장 열심히 하고 성경 지식도 많으며 모르긴 해도 방언을 하는 성도도 인구 대비 우리나라가 가장 많을 것입니다. 반면 미국 교회는 통상적으로 주 1회 예배만 드리며, 대부분 새벽기도, 수요기도, 철야예배가 없습니다. 외적으로 보면, 우리나라가 신앙생활을 아주 잘 하고 있습니다. 그러나 교회 밖에서의 모습은 우리가 미국의 절반에도 못 미칩니다. 그들은 삶 속에서 하나님을 두려워하며 생활합니다. 그래서 누가 보든 안 보든 새벽에도 교통질서를 잘 지키고 남을 배려하고 봉사생활을 하며 정직하게 살려고 노력합니다.

그러나 우리의 모습은 어떻습니까? 사회 지도자도 그렇고 많은 사람들이 정직 불감증에 걸려 있는 듯 행동합니다. 국가와 이웃을 생각하고 행동하기보다는 나만을 생각하며 이기적으로 행동합니다. 나만 편하면 되므로 남을 배려하는 부분이 없습니다. 주어진 것에 대한 감사보다는 부족한 것에 대한 불평이 앞섭니다. 작은 교통질서도 잘 안 지킵니다.

예배의 모습이 우리의 삶 속에 나타나야 합니다. 세상에 나갔을 때 믿는 자는 불신자와 분명한 차이를 보여야 합니다.

선진국에서는 공직자가 거짓말을 하면 그날로 그의 공적인 경력은 끝이 납니다. 하지만 우리나라에서는 공직자가 공약을 지키지 않아도 '공약을 빈 약속'이라고 우스갯소리로 치부하면서 대수롭지 않게 여기고 넘어가 줍니다.

우리가 진심으로 하나님을 두려워한다면 정직해야 합니다. "네 이웃을 네 몸과 같이 사랑하라."는 하나님의 말씀을 실천해야 합니다. 크리스천은 세상 사람들과 구별된 삶을 살아야 합니다.

오늘 읽은 호세아 7장을 다시 한 번 정리해 봅시다. 고멜이나 이스라엘 민족과 같은 모습이 내 삶 속에는 없는지, 내가 하나님 앞에서 책망받을 삶을 살고 있지는 않는지, 거짓된 모습으로 하나님이 기뻐하시지 않는 삶을 살고 있는 것은 아닌지…….

# 주님의 세미한 소리를 듣는 믿음

## - 새벽기도 인도

찬 송 가 : 340장

기        도 : 믿음을 위하여

성경 교독 : 열왕기상 19장

말씀 전달 : 공예배에서 말씀 전하는 것 처음. 부족한 부분이 있더라도 양해 바랍니다.

기        도 : 말씀을 중심으로 하여(제목 5가지)

　　　　　통성기도 → 마침

〈설교문〉

　열왕기상 19장은 앞장인 18장과 연결해서 주님의 뜻을 생각해야 합니다.

　18장에는 대선지자 엘리야를 통해 하나님께서 두 가지의 큰 이적을 행하심을 볼 수 있습니다.

첫째는,

갈멜 산에서 엘리야 혼자 바알 예언자 450명과 아세라 예언자 400명, 총 850명과 대결하는 장면이 나옵니다. 각자 소를 한 마리씩 잡아 각을 떠서 자신이 믿는 신에게 기도하여 불로서 응답을 받는 신을 참 하나님으로 하기로 했는데, 바알과 아세라 예언자들이 오전 내내 기도했으나 응답을 받지 못했고, 엘리야의 기도는 응답되어 바알 및 아세라 예언자 850명을 기손 시냇가에서 다 죽이는 장면이 나옵니다.

둘째는,

17장에서 엘리야는 자신의 말이 없이는 수 년 동안 비가 오지 않으리라고 예언을 합니다. 정말 이스라엘에는 3년간 가뭄이 들었는데, 18장 42절에 보면, 엘리야가 하나님께 간절히 기도하니 45절에서 3년 가뭄 후 소나기가 오는 장면이 나옵니다.

이 두 장면은 구약의 내용 중 하나님의 능력이 분명하게 나타난 참 신나고 멋있는 대목입니다. 이처럼 18장에서 주님의 이름으로 크게 승리한 엘리야는 분명 성령이 충만한 상태였으리라 생각됩니다.

오늘 읽은 19장에서는 하나님의 큰 종인 엘리야가 아주 다른 모습, 즉 나약하고 연약한 모습을 보입니다. 아합의 아내 이세벨이 바알 및 아세라 예언자를 죽인 엘리야에게 사신을 보내어 그를 죽이겠다고 전하자 엘리야는, 유다의 브엘세바로 도망을 갔을 뿐만 아니라 로뎀나무 아래에서 죽기를 기다리며 이제 더 바랄 것이 없으니 하나님께 자기 생명을 거두어 달라고 이야기합니다.

이때 하나님의 천사가 나타나서 힘을 돋우며 떡과 물을 먹이고 힘을 내게 하여 엘리야가 시내 산(호렙 산)으로 가게 됩니다.

그가 그곳 어느 굴속에 숨어 있을 때 하나님께서는 강하신 권능으로 강풍을 일으키시어 바위를 쪼개시고 지진이 나게 하시며 불도 일으키시지만, 엘리야는 그 강함 속에서 여호와의 음성을 듣지 못하다가 불 후에 세미한 소리-부드러운 속삭임-로 엘리야에게 오신 하나님의 음성을 듣게 됩니다.

이때 엘리야는 하나님께 "자신은 주의 일에 최선을 다했으나 이스라엘 백성이 주의 언약을 어기고 주의 제단을 헐어버리고 주의 예언자도 모두 죽이고 자신도 죽이려 한다."고 불평을 합니다. 그러자 하나님께서는 엘리야에게 새로운 일을 주시고 너는 혼자가 아니라 우상에 입 맞추지 않은 7,000명이 있다고 용기와 격려를 주십니다.

우리는 이제 본 장을 통해 몇 가지 은혜를 사모하고 기도의 제목을 찾고자 합니다.

첫째는,

19장 1~4절을 보면, 엘리야처럼 위대한 예언자, 선지자도 어려운 일이 닥칠 때 낙심하고 두려운 마음을 가지며 죽기가 두려워 도망하는 약한 모습을 보입니다. 심지어는 하나님께 자신의 생명을 거두어 주시기를 소원하는 대목도 있습니다. 우리는 엘리야와 도저히 비교할 수 없는 연약한 존재입니다. 우리는 하나님의 돌보심과 함께하심 없이는 단하루, 아니 단 한 시간도 내 능력으로 살 수 없으며, 나 혼자서는 아무런 일도 할 수 없는 지극히 연약한 자임을 고백하고 인정하며 겸손한 마음으로 주의 도우심을 긴구해야 합니다. 항상 기도에 힘쓰며 말씀을 배우고 묵상하며, 전적으로 주님을 의지하는 삶을 살아야 합니다. 주님은 나의 능력이시며 나의 힘이라는 시편 18장의 고백이 우리의 고백이 되기를 바랍니다.

둘째는,

엘리야를 먹이시는 하나님은 나도 먹이시는 분입니다. 주님은 영적으로만 우리를 돌보시는 분이 아니라 우리의 모든 필요한 것을 아시고 미리 준비하시고 채워 주시는 좋으신 하나님임을 알아야 합니다. 광야로 도망간 엘리야는 분명 굶주리고 목말랐을 것입니다. 광야에는 사람들이 없으므로 물과 음식이 없음을 아시고 떡과 물을 준비하셨습니다. 육신의 부모님도 자식이 필요한 것을 미리 알고 준비하십니다. 부족한 인간인 우리가 자식의 필요를 아는데, 전능하신 우리의 영적인 아버지이신 주님은 우리가 필요한 것을 우리보다 먼저 아시고 예비하십니다.

창세기 22장에 이삭을 제물로 바치라는 말씀에 아브라함이 순종할 때 13절에 보면, 모리아 산 광야에서 숫양을 준비해 주셨습니다. 또한 민수기 11장에 이스라엘 백성이 출애굽하면서 애굽에서 먹던 고기와 음식이 생각나 불평할 때 하나님께서는 광야에서 만나와 메추라기를 예비하심을 우리는 알고 있습니다. 우리는 우리의 모든 필요를 아시는 하나님을 전적으로 신뢰하는 믿음으로 살아야 합니다.

마태복음 6장 25절, 누가복음 12장 29절을 보면, "너희를 위하여 무엇을 먹을까, 무엇을 마실까 구하지 말고 근심치 말라."고 나옵니다.

셋째는,

19장 11~13절에는 엘리야가 하나님의 음성을 듣고 하나님을 만나고 하나님과 대화하는 장면이 나옵니다. 우리는 믿는 사람이라면 누구나 하나님과 영적인 교제를 갖기를 원하며, 실제로 삶 속에서 하나님의 역사하심을 수없이 경험하고 있지만, 하나님과의 일 대 일 만남은 참으로 갖기 어렵습니다. 우리는 지금 바쁜 가운데 살고 있으므로 주님과 대화할 시간이 부족하기 때문입니다. 우리는 가정 일, 직장 일, 개인적인 일, 교회 일을 통해 주님이 하시는 일을 항상 접하고 있지만, 하나님과의 일 대 일 만남이 절대적으로 부족함을 인정해야 합니다.

우리는 하나님과의 만남을 통해서만 진정한 능력과 힘을 얻을 수 있습니다. 성경에는 한계 상황에서 주님을 만나 크게 변화된 경우가 많이 등장합니다.

출애굽기 3장에 보면, 모세가 애굽에서 피신하여 40년간 목동으로 살며 교만을 버렸을 때 80세에 시내 산에서 주의 음성을 듣고 개인적인 만남을 통해 이스라엘 민족을 구하는 위대한 지도자가 됩니다.

창세기 32장 22절에 보면, 형 에서에 대한 두려움에 떨던 야곱이 얍복 강가에서 주의 천사를 만나 주의 축복을 받았습니다.

사도행전 9장 3~5절에 보면, 사울이 다메섹 도상에서 주의 음성을 듣고 주님을 만나서 변하여 대선지자가 되었습니다.

우리는 조용한 상태, 정리된 상태에서 고요한 가운데 주의 음성을 들어야 합니다. 예를 들어 부흥회 통성기도 등을 통해 하나님을 만날 수

있습니다. 세미한 주님의 음성을 들으려면 주님과 영적인 교제와 믿음
이 필요합니다. 강한 음성 속에서 주의 음성을 듣지 못한 엘리야가 미세
한 속삭임을 들음같이 기도와 묵상을 통해 항상 우리 곁에 계시는 주님
의 음성을 듣고 개인적인 만남이 있어야 합니다.

마지막으로,

19장 15~21절에서 주님은 우리가 해야 할 일을 알려주십니다. 엘리
야로 하여금 시리아 아합 왕과 이스라엘 왕을 세우도록 명하셨을 뿐만
아니라 엘리야의 후계자로 엘리사를 삼도록 하셨습니다. 우리는 내일
일을 모르고 삽니다. 그러나 우리 주님은 내가 가야 할 길과 해야 할 일
을 아십니다. 살아남은 선지자가 자기 한 사람뿐이라고 낙심한 엘리야
에게 주님은 새로운 일을 주시고 격려하십니다.

오늘도 하나님은 사람을 통해 역사하십니다. 우리를 통해 주의 일을
이루고자 하십니다. 하나님의 자녀인 우리는 주의 뜻을 이루어야 할 사
명과 책임이 있습니다.

주부들은 가정에서 자녀들을 기도와 말씀과 사랑으로 양육해야 합
니다. 사회생활을 하는 직장인들은 정직하고 성실하고 근면하게 일할
뿐만 아니라 각자의 생활 속에서 하나님을 기쁘시게 하며 참 그리스도
인의 삶을 살고 빛과 소금의 사명을 다하며 주님의 뜻대로 살려고 노력
해야 합니다.

우리는 사명이 있기에 주님이 생명을 주신 것입니다. 주님이 주신 사

명이 무엇인지 깨닫고, 항상 주님의 뜻에 합당한 생활을 해야 합니다. 항상 기도하는 마음으로 주님을 기쁘시게 하는 일을 해야 하며, 우리 주님께 내가 주의 뜻을 바로 깨닫고 주님이 원하시는 길을 가게 해달라고 항상 간구하고 그분의 인도하심을 의지해야 합니다.

이 시간 기도할 때
수련회 중이신 목사님들 위해 기도하시고,
주님만 의지하는 믿음을 주시기를 기도하시고,
우리의 모든 것을 아시는 주님만 신뢰하는
믿음 주시기를 기도하시고,
주님과 영적인 만남,
특히 기도로 고요한 가운데서의 만남을 위해 기도하시고,
주의 뜻을 바르게 깨닫고 주님이 원하시고 기뻐하시는
일을 하게 해달라고 기도하시고,
개인기도 하신 후 자유롭게 귀가하시기를 바랍니다.

-2000. 01. 18.

# 제직은 섬김의 직분입니다

## - 2006 제직 수련회

새해를 맞이할 때마다 우리는 제직 수련회를 갖습니다. 이는 단순히 매해 연초에 갖는 교회의 행사 중 하나가 아니라 그 이상의 의미가 있는 중요한 모임입니다.

사회에서는 직책이 바뀔 때마다 직능 교육을 길게는 일주일 이상 합니다. 저도 회사에서 과장으로 승진했을 때 과장 교육을 받았고, 부장으로 승진했을 때 부장 교육을 받았으며, 임원으로 승진했을 때도 물론 임원 교육을 받았습니다.

이는 비단 저에게만 해당되는 사항이 아니라 직장생활을 하는 대부분의 사람들이 경험하게 되는 과정입니다.

교회도 조직이며 조직을 움직이는 것은 사람과 시스템입니다. 그중 사람이 더 중요하다고 생각합니다. 현대 경영학에서도 조직에서 사람이 가장 중요하다는 데는 이견이 없습니다.

우리 교회가 잘 운영되도록 수고하실 분들이 바로 여기 계신 제직 여러분입니다. 오늘 여기에 모인 우리 제직들은 모두 성민교회의 일꾼들입니다. 하나님이 우리에게 주신 달란트대로 교회에서 해야 할 일들을 맡은 자들입니다.

사회 조직과 교회가 다른 점이 있다면, 사회에는 분명한 계급이 존재합니다. 계급에는 높고 낮음이 있고, 계급에 따른 명령 계통이 존재합니다. 그러나 교회에서는 장로나 권사가 집사보다 높은 직책이거나 집사가 평신도보다 높은 직책이 결코 아닙니다. 교회에서는 계급이 없으며, 먼저 솔선수범과 참된 헌신을 요구하는 특수 조직입니다.

장로, 권사, 안수집사도 물론, 계급이 아니라 더 많은 책임을 맡은 자일 뿐입니다. 여기 모인 제직들은 교회와 성도님들을 잘 섬기라고 교회가 준 섬김의 직분입니다. 우리 함께 힘을 합하여 올해도 열심히 최선을 다해 칭찬받는 제직이 되도록 합시다.


오늘 귀한 강사님을 모셨습니다. 강사님의 말씀을 통해 우리가 제직으로서 교회와 성도님들을 어떻게 잘 섬기고 봉사할지를 다시 한 번 깨닫고 결단하는 시간이 되기를 바랍니다. 강사님 나오실 때 큰 박수로 맞이하시기를 바랍니다.


감사합니다.

―총무부장 김영철 장로(2006. 01. 21.)

# 연약한 우리를 위해 드리는 기도

하나님 아버지!
주께서 주신 믿음과 소망으로
새로운 한 해를 희망 속에 시작하게 하시니 감사합니다.
우리에게 주어진 이 한 해도
당신의 사랑 안에서 지내기를 소망하오며
당신께서는 변함없이 우리 모두에게 힘과 능력이 되어 주실 줄을
믿고 감사를 드립니다.

주님, 우리에게는 이루고 싶은 많은 꿈과 계획과 소망이 있습니다.
내가 살아가는 사랑하는 조국이 하나님의 축복 속에
경제적으로도 크게 번성하며
세계를 향해 하나님의 뜻을 이루어가는 선민으로서의 사명을
잘 감당하게 하소서.

섬기는 교회는 믿지 않는 영혼을 구원하는 일에
더욱 최선을 다하고
말씀과 사랑이 넘치며 세상을 향한 하나님의 손과 발이 되어
주님의 사랑과 당신의 손길이 필요한 곳에 늘 거하게 하소서.

우리의 일터는 물가에 심은 나무가 계절을 쫓아 많은 과실을 맺듯이,
주님의 돌보심 속에 늘 번창하여
하나님의 선한 사업에 쓰임받는 기업이 되게 하소서.

우리의 가정은 주께서 주신 감사와 기쁨이 넘치는 가정 천국을 이루며
우리의 자녀, 자손들이
주 안에서 지혜롭고 강건하고 바르게 성장하여
이 땅에 하나님의 나라를 이루어가는
신실한 주의 군사가 되게 하소서.

우리는 항상 주의 뜻대로 살려고 노력하지만
믿음도 연약하고 지혜도 부족하여 늘 넘어지고 실족하며
주의 자녀로서 그 책임도 제대로 감당할 수 없습니다.
당신의 돌보심과 인도하심 없이
나 혼자의 힘과 능으로 할 수 있는 일이 없음을 알고 있기에
주의 도우심을 간구합니다.

또한 나의 성품과 인격과 삶의 모습도 주님 닮기를 원하오니

연약한 우리를 주님의 강중에 늘 붙들이주시이
우리의 삶을 통해 주님을 기쁘게 해드리는 주의 자녀가 되게 하소서.

간절히 바라옵기는
이 나라의 모든 국민이 나만을 생각하는
이기적인 자세에서 벗어나
함께 살아가는 이웃과 사회와 나라와 민족에게
내가 무슨 유익을 줄 수 있을지를 늘 생각하고
하나님과 사회를 향한 사명과 책임을 다하는
성숙한 민주 시민이 되게 하소서.

우리 교회를 이끌어 나가시는 담임목사님과 교역자들에게
주의 권능과 지혜를 주시고 주의 심령을 주시어
올 한 해도 주님의 마음을 기쁘게 해드리는 신실한 목자가 되게 하소서.
또한 각 부서에서 수고하는 모든 봉사자들에게
더욱 겸손하고 열심 있는 마음을 주시고
기쁘고 감사한 마음으로 우리에게 주어진 크고 작은 일들을
성실히 수행케 하여 교회는 성장하고
우리 모두는 하나님께 칭찬받는 자녀들이 되게 하소서.

이 시간 말씀을 전하시는 한홍신 목사님을 주의 손에 붙드사
선포되는 말씀을 통해 낙심한 자에게는 희망과 용기를,
병든 자에게는 치유함과 강건함을,

어려운 가운데 있는 자에게는 다시 한 번 도약할 수 있는 힘과
믿음을 얻는 회복의 시간이 되기를 소망합니다.

오늘도 당신의 자녀들 주 앞에 나왔으니
우리가 드리는 찬양과 예배를 기쁘게 받으시고
우리는 영적으로 주님을 만나는 기쁘고 복된 시간이 되길 바랍니다.
우리의 영원한 소망이 되시는 예수님 이름으로 기도드립니다.

아멘!

-2006. 01. 22.

# 주님의 향기를 발하는 삶이 되게 하소서!

– WEC 5월 이사회 기도문

전능하신 하나님!
부족하고 연약한 우리를 당신의 귀한 자녀로 택해 주시고
지금 이 시간까지 우리와 동행해 주심을 감사드립니다.

그러나 주님 앞에서 우리의 삶을 돌이켜 보면
여전히 부족하고 주님 보시기에 부끄러운 부분이 남아 있음을
인정하며
당신의 사랑을 받는 자녀로서 우리의 나태함과
말씀에 순종하지 못하고 있음을 회개하지 않을 수 없습니다.
주님, 이 한순간이라도 우리를 도와주지 않으신다면
우리는 아무런 일도 할 수 없는 연약한 자임을 고백합니다.

사랑의 주님께서 항상 권능의 손으로 우리를 붙들어주시고
때를 따라 돕는 은혜를 베푸심으로
우리가 세속에 물들지 않고 성결되고 구별된 삶을 살게 하시며
주님이 나를 통해 어떤 일을 이루기를 원하시는지 항상 묵상하며
내가 원하는 길을 가기보다는 주님이 원하시는 길을 가며
내 삶 속에 세상의 헛된 모습이 발견되지 않게 하시고
주님의 모습이 보이며 주님의 향기를 발하는 삶이 되게 하소서.

이 시간 주님께 특별히 기도하옵기는
전 세계에 흩어져 있는 웩 선교사들을 기억하시고
어려운 환경과 여건 속에서
주님의 나라를 이루기 위해 최선을 다하고 있는
모든 웩 선교사들을 축복하시고 도와주십시오.
그들의 사역 속에 주님 친히 간섭하시고 역사하시므로
미전도 지역에도 주님의 말씀이 계속 뿌리를 내리고
주님의 나라가 힘차게 번성케 해주시옵소서.

주님께 다시 한 번 감사하옵기는
부족한 우리들을 주님의 일꾼으로 택하시고
웩을 통해 주님을 섬길 수 있는 기회를 주셔서 감사합니다.
이 자리에 참석하신 모든 이사님과 웨커를 축복하시고
주의 권능으로 도우사
주님이 원하시는 일들을 하나씩 이루어가도록

주님의 신실한 종이 되게 도와주시옵소서.

이번에 한국 웩 이사장의 중책을 맡으신 화종부 목사님을
주님 권능의 손으로 붙드시어
주님이 기뻐하시는 일을 잘 감당할 수 있도록 도와주시옵소서.
또한 한국 웩을 섬기는 박경남 본부장님과
함께 섬기는 전국의 모든 웨커를 주님이 함께해주시므로
기쁜 마음으로 주의 일을 할 수 있도록 도와주시옵소서.

바라옵기는
오늘 이사회도 주님의 뜻 안에서 진행되길 원하며
우리 모두의 기도와 소망을 주님 손에 올려드리오니
오직 주님의 온전하고 귀한 뜻만 이루어지기를 간절히 소망합니다.

다시 한 번 나의 주인 되시는 우리 주님을 찬양하며
우리의 영원한 소망되시는 예수 그리스도 이름으로 기도합니다.

아멘!

-2015. 05. 14.

# 강하고 담대하라!
– WEC CO 졸업식 기도문

전능하신 하나님!
부족하고 연약한 우리들을 사랑해 주시고
이 시간까지 우리의 삶을 지켜주시고 인도해 주신
하나님의 한없는 사랑에 감사를 드립니다.

주님, 오늘은 우리 모두에게 참으로 뜻깊은 날입니다.
주께서 우리에게 베푸신 은혜가 너무나 크고 감사하여
내 남은 일생을 온전히 주님께 맡기고
주의 일에 전적으로 헌신하는 일 외에 더 소중한 일이 없음을 깨닫고
지난 수 년 동안 어려운 신앙 훈련과 교육, 깊은 기도를 통해
정해진 선교사의 모든 과정을 주님의 도우심 속에 다 마치고

오늘 정식 선교사로 임명을 받는 날입니다.
참으로 두렵고 떨리며
또한 감사의 마음이 충만한 날입니다.

이 시간 주님께 간절히 기도드리기는
오늘 선교사로 부름을 받는
김경섭, 유수정, 조경희, 한웅선, 김필복, 이화용, 이재순,
김미나, 심성남, 한송이, 하명호, 전희수, 윤미영,
이 열세 분의 선교사님들을 주님 두 손 들어 축복해 주시고
붙들어주십시오.

온전히 하나님의 일꾼으로 쓰임받고자 결심하고
남은 일생을 온전히 주님께 맡기고
이제는 주님이 부르시는 곳으로 달려갈 준비가 되었사오니
우리 주님이 앞서 가시며 그들의 앞길을 열어주시고
그들과 늘 동행해 주시고 힘이 되어 주십시오.

어느 곳에 가든지 그들에게 주님의 권능을 주시고
때를 따라 돕는 은혜를 베푸시어
미전도 종족에 주님의 말씀을 전하며
주의 사랑이 필요한 곳에 주의 손과 발이 되어
그리스도의 향기를 발하며 그리스도의 모습을 보여 주는
능력의 일꾼들이 되도록 힘과 능력을 주십시오.

무엇보다도

열세 분의 선교사님들에게 그리스도의 마음과 성품을 주십시오.

어떠한 상황에서도 낙심하거나 좌절하지 않게 하시고

우리의 영원한 소망이시며 대제사장이신 예수 그리스도를

전적으로 의지하며 주님이 주시는 능력으로

주님의 나라를 확장하는 일에 최선을 다하므로

주님께 칭찬받는 신실한 주의 일꾼이 되도록

우리 주님이 항상 도와주십시오.


이제 우리나라를 떠나 각자의 선교지로 가게 됩니다.

앞으로 비자를 얻는 문제, 그곳에 정착하는 문제,

자녀들의 교육이나 현지 적응 문제 등

우리의 힘과 능력으로 해결할 수 없는 문제들이 있습니다.

인간적으로 생각할 때는 그것들이 어려운 문제가 될 수 있지만

우리 주님께서는 주님의 뜻을 이루시는 데

어떠한 불가능도 없음을 믿기에

모든 염려를 주님께 다 맡기고 담대하게 나아갈 수 있도록

우리 선교사님들에게 담대한 믿음과 소망과 힘을 더해 주십시오.


이제 사랑하는 가족들을 선교 현장으로 보내는 부모님과

남은 가족 분들 주님 위로해 주시고

남은 가족 분들이 더욱 강력한 기도의 후원자가 되며

선교의 동역자들이 될 수 있도록 가족들을 축복하시고 도와주십시오.

또한 간구하옵기는

열세 분의 선교사가 세워지기까지 여러 가지로 수고하신

웩 본부 스태프들의 수고와 헌신도 주님 축복하시고

그분들의 노고를 치하해 주십시오.

그리고 한국 웩이 하나님이 원하시고 기뻐하시는 일들을

잘 감당하도록

모든 스태프들에게도 능력으로 함께해 주십시오.


또한 주님께 간절히 기도드리기는

지금 이 시간에도 해외 각 선교지에서

주님 나라를 위해 수고하시는 2,200여 명의 웩 선교사들을

축복해 주시고 함께해 주십시오.


주님, 우리는 연약한 인간인지라

때로는 두렵고 떨리는 마음이 있습니다.

내 힘과 능력으로는 아무런 일도 할 수 없음을 인정합니다.

그러나 "네 평생에 너를 능히 대적할 자가 없으리니

내가 모세와 함께 있었던 것 같이 너와 함께 있을 것임이라.

내가 너를 떠나지 아니하며 버리지도 아니하리라."는 주님의 약속과

"강하고 담대하라. 두려워하지 말며 놀라지 말라.

네가 어디를 가든지 네 하나님 여호와가 너와 함께 하리라."는

주님의 약속을 붙잡고 강하고 담대한 마음으로

온전히 주님만 믿고 영적 전쟁터로 떠나는 열세 분의 선교사님이 되도록

우리 주님이 붙들어주시기를 굳게 믿으며
우리의 영원한 소망이신 예수님 이름으로 축복합니다.

이 시간 말씀을 전하실 김홍석 목사님을
주님 장중에 붙드시어 오늘 졸업하는 우리 선교사들에게
힘과 도전과 능력의 말씀이 되게 도와주십시오.

이 예배를 주님 기쁘게 받으시길 비오며
우리의 기쁨의 원천이신 예수님 이름으로 기도드립니다.

아멘!

-2014. 05. 01.

# 하나님 나라를 이루는 일에 아름답게
# 쓰임받는 일꾼

### – 문영환, 박진영 선교사 파송식

전능하신 하나님!
우리 주님께서 여기 방배동에 주님의 성전인 성민교회를 친히 세우시고
지난 40년간 부족한 우리를 주님의 일꾼으로
사용해 주심을 감사합니다.

민족의 복음화와 세계 선교의 비전을 가지고
기도로 시작한 우리 성민교회를 주님이 사랑하시고 축복해 주셔서
이제는 2천 여 성도가 모이는 교회로 성장했으며
지속적으로 이 땅 위에 하나님의 나라를 이루어가며
또 세계 선교의 소망과 비전을 가지고 기도하게 하시고

그 일에 우리 성민교회와 전 성도님을
주님의 제자 및 일꾼으로 사용해 주심을 다시 한 번 감사드립니다.

"너희는 온 천하에 다니며 만민에게 복음을 전파하라."는
주님의 지상명령에 우리가 한순간이라도 불순종하거나
게으르지 않도록 우리를 지켜주십시오.
당회로부터 어린 심령에 이르기까지 전 성도가 복음을 전하는 일에
전력을 다할 수 있도록 주님이 도와주십시오.

이 시간 주님께 간절히 기도드리기는
지금도 세계 각지에서 복음을 전하기 위해
마음과 정성과 뜻을 다 바쳐 애쓰고 수고하시는 선교사님들을
주님 축복하시고 붙들어주시므로
그들의 발걸음 발걸음이 복된 발걸음이 되게 하시고
선교사님들이 전하는 말씀을 통해 구원의 역사가
현장마다 매일매일 일어나도록 주님 축복해 주십시오.
특히 이방 지역에서 생명의 위험을 무릅쓰고
복음 전파에 매진하는 선교사님들의 안전을 지켜주십시오.
그들 가정도 주님이 보호해 주시고
자녀들의 안전도 주님 손에 올려드립니다.

선교사님들이 어렵고 힘들 때마다
우리 주님이 새로운 힘과 능력을 공급해 주시고

낙심할 때나 주님이 직접 어루만지시고 품어주시므로

주님이 주시는 믿음과 능력으로

주님 나라를 이 땅 위에 이루어가는 일에 귀하게 쓰임받도록

전 세계에 흩어져 있는 모든 선교사님을

우리 주님이 지켜주시고 두 손 들어 축복해 주십시오.


또한 주님께 간구하옵기는

성민교회가 파송한 캄보디아의 송기록 선교사 부부, 라오스의 김영규

선교사 부부, 일본의 이재혁 선교사 부부, 중국의 전하라 선교사, 아프

리카 감비아의 강리라 선교사를 주님 함께해 주시므로

현지에서의 선교를 통해

주님 나라가 더욱 확장되도록 도와주십시오.


이 시간 주님께 또 감사하옵기는

주님의 섭리와 축복으로 문영환, 박진영 부부를

미얀마 지역 선교사로 파송하게 하시니 참 감사합니다.

두 분은 주님의 부르심 속에 오랜 기간 훈련받고 기도하며

전임 선교사를 준비해 온 분들입니다.

이 젊은 선교사 부부 가족을 주님 손에 올려드리오니

주님 축복해 주시고 모든 선교 현장에서 함께해 주십시오.


고백하기는 주님이 함께해 주지 않으신다면

우리는 아무런 능력도 없는 지극히 연약한 자임을 인정하며

주님의 도우심을 간구합니다.

간절히 바라옵기는
문영환, 박진영 두 분 선교사를 주님이 붙들어주시고
같이 가는 사랑하는 자녀도 주님이 지켜주시고 함께해 주십시오.
현지 도착과 적응, 그리고 선교 현장에서 다른 선교사님들과 잘 협력하여
하나님의 나라를 이루는 일에
아름답게 쓰임받는 신실한 선교사가 되기를 소망합니다.

우리 성민교회와 성민의 전 성도님들이
주님이 원하시는 이 민족의 복음화와 세계 선교의 뜻을 이루어가는 일에
항상 최선을 다할 수 있도록 우리에게 기도의 능력과 열정을 주십시오.
우리는 주님의 마음을 기쁘게 해드리는 신실한 교회,
신실한 주의 자녀가 되기를 소망합니다.

이 예배를 통해 주님이 우리에게 명하신 선교의 사명을
다시 한 번 확인하고 이 땅 위에 하나님의 나라를 이루어가는 일에
우리 모두가 아름답게 쓰임받기를 간절히 소망하며
우리의 구세주이시며 우리의 영원한 소망이신
주 예수 그리스도 이름으로 기도드립니다.

아멘!

-2017. 01. 08.

# 도전과 용기를 주시기를 간절히 바랍니다
### – 시니어(senior) 선교학교 서울 경인지역 제2기 개강 기도

자비로우신 하나님!
부족한 우리를 늘 축복해 주시고
이 시간까지 우리의 삶을 인도해 주신
참 좋으신 하나님께 진심으로 감사를 드립니다.

우리의 삶을 뒤돌아보면
주님의 뜻을 따르기보다는 내 눈에 좋은 길로 가느라
주님을 실망시킨 경우도 많이 있었고
하나님 자녀로 주께서 명하신 일들을 제대로 감당하지 못했습니다.
그러나 우리 주님께서는 우리의 연약함을 아시고
우리의 잘못을 늘 용서해 주셨으며

때를 따라 돕는 은혜를 베풀어주심을 감사합니다.

이 시간 주님께 간절히 바라고 원하옵기는
주께서 우리에게 주신 시간과 건강과 재능과 물질 등
내가 가진 모든 것과 나의 삶이 결코 나의 것이 아니라
주님의 뜻대로 잘 관리하도록
주께서 나에게 맡기셨음을 다시 한 번 깨닫고
우리가 주님의 자녀로서 주님을 기쁘게 해드리는 삶을 살고 있는지
늘 나를 점검하며 살도록 도와주십시오.

우리는 이 땅에 하나님의 나라를 이루어가는
일꾼으로 부름받은 자들입니다.
그러나 우리의 힘과 노력으로는 그 일을 감당할 수 없으니
주님께서 우리를 도와주시고 힘과 능력을 주십시오.

이 시간 주님께 특별히 감사하옵기는
남은 인생을 주님 앞에 좀 더 보람되고
가치 있게 보내기를 소망하는
당신의 사랑하는 자녀들을 불러주셔서
서울 경인지역 시니어 선교학교 제2기를 개강하게
허락하시니 감사합니다.
금번 시니어 선교학교를 통해 주께서 우리에게 명하시는
각자의 사명과 주님이 원하시는 일들을 재점검하며

우리의 남은 삶을 진정 주님이 원하시고 기대하시는
일들을 할 수 있도록
우리에게 도전과 용기를 주시기를 간절히 바랍니다.

자비로우신 하나님!
주님의 선한 일꾼으로 쓰임받고자 결심하고
바쁜 가운데 시간을 내어 시니어 선교학교 제2기에 참석한
당신의 사랑하는 귀한 자녀들을 축복해 주십시오.
그들 마음속에 주님이 주시는
평강과 기쁨과 감사가 넘치도록 도와주십시오.
또한 이번 교육을 통해 주님이 원하시는
각자의 사명을 재확인하게 하시고
그들 마음속에 주님을 사랑하는 마음이 넘치도록 축복해 주시므로
예정된 10주간의 모든 교육을 잘 받을 수 있도록 도와주십시오.

주님께 간절히 바라옵기는
본 교육을 진행하는 시니어 선교 한국을 축복해 주십시오.
수고하시는 이시영 장로님, 이종훈 선교사님,
그리고 동역하시는 모든 스태프들과
매시간 말씀을 전하실 강사진들도 우리 주님 축복해 주시므로
이번 2기 시니어 선교도 주님의 도움으로 승리하게 해주십시오.

시니어 한국 선교가 주님의 마음을 기쁘게 해드리고

아직 이 운동에 참여치 않은 수많은 시니어들을
주의 일꾼으로 변화시키는 능력 있는 일을 잘 감당하도록
주님 도와주시고 축복해 주십시오.

이 시간 말씀을 전하실 한홍신 목사님을
주의 장중에 붙들어주시므로
우리에게 꼭 필요한 진리의 말씀,
능력의 말씀을 선포하게 해주십시오.

앞으로 남은 모든 순서 절차 위에
하나님의 도우심이 있기를 간절히 바라며
세상 끝 날까지 우리와 동행하시리라 약속해 주신
우리의 영원한 소망이신
우리 주 예수 그리스도 이름으로 기도드립니다.

아멘!

—2013. 04. 25.

# Spiritual revival will be happen again

— Pray at Hanover Church in Wales, UK

Dear my Lord,

Thanks for all of your loves and bless you have afforded us till today.

I confess that it is definitely your help and your grace for me to be here.

It is really my privilege to be chosen as your beloved son and to be citizen of heaven.

Also I thoroughly admit that you are my Lord and my savior and my loving father.

It is my sincere pray that your help and love will be with us whole through our life.

Today we especially thank you to lead us to the birth place of WEC and memorial church who had been fulfilled mission you ordered.

Also it is the most memorial chance for us to visit Hanover Church who dispatched Pastor Thomas to Korea about 150 years ago.

Pastor Thomas who reached to Korea as 1st missionary to Korea was killed without any chance to preach gospel, but we do believe that martyr of Pastor Thomas was seed of evangelization of Korea and became cornerstone of church in Korea.

We trust that God has his plan through this mission trip, let us to know once again how much you love all of us and also let us to realize what you are expecting us to do for glory of God.

Once again, let us to confess that we are all called as servant of God and destined workers for glory of God and assigned messengers of gospel.

But we confess that we are all very weak and are not good enough to be your servant. Please do not forsake us but hold us by your power and strength and wisdom to be used as your servant.

I do trust that you will help us all the time and I do appreciate for your endless love.

We always pray that your fragrance and your image will be found in our lives. And also want to be the messenger of God.

Our Lord, as C. T. Studd confessed, we once again would like to confess that if Jesus Christ is son God and died for me, then no sacrifice can be too great for me to make for Him.

We pray that all of WECer serving all over the world to be more humble and to be good servants to make you pleased. Please give your power and your strength and your wisdom to all WECer who works for your glory and kingdom of heaven.

Today we especially want to pray for my country-South Korea. My country was divided by south and north 69 year before and still separate. Many of my brothers and sisters in North Korea are suffering with famine and poverty and sickness under Kim's regime. There is no freedom of religion and no hope under Kim's regime. We have been praying for my country for last 7 decades but nothing improved yet.

Our heavenly father, as you have released Israelis from suppression of Pharaoh in Egypt, please release our brothers and sisters in North Korea from suppression of Kim's regime. Please give us peaceful unification on Korean peninsula.

We sincerely pray that Korean to be use as workers of kingdom of heaven in coming generation. We trust that you will give peaceful unification for Korea, and we thank for your love and grace for Korean people.

Also we pray that spiritual revival will be happen again in Hanover Church. Please give spiritual power to pastor Yoo.

Now we are praising the Lord and present service with all our heart. We hope to have spiritual counter with heavenly father through our service. Please give us peace and confidence in you.

Praising the Lord.
In the name of Jesus Christ.

Amen!

−2014. 09. 08.

# Give your strength and wisdom and humble faith

- At Sunday service at Underbridge Church in
  Cape Town, South Africa

Dear Almighty God,

We sincerely thank all of loves and bless you afford to us by today.

We also sincerely appreciate You allowing us this service and being praise the name of Lord our Jesus Christ.

But whenever we stand before you, we have to confess that we are still a sinner and not yet full fledged as being Your son.

Nevertheless, you chosen us as your sons and daughters through blood of Jesus Christ so we can call You as my father.

We are still very weak and not able to any thing without Your love and care.

Please do not forsake of us but to stay with us and give your strength and wisdom and humble faith.

Let us not to be afraid and discouraged by what is happening around us but to trust you thoroughly and let us forward with power and wisdom that you will continually give. As you commend through the bible let us always rejoice, pray constantly and give thanks for any circumstances.

We specially thank you allowing us "Under Bright Church" here for your glory. We pray you to give heavenly power and strength to Pastor Kim and Mrs. Kim to love and cares to those people in this area.

We pray that you would bring through todays' service all of us has spiritual encounter with our savior Jesus Christ.

I sincerely pray that you would bring discouraged to be encourage and weaker to be healthy and stronger and all of us to be well armed with your spiritual power God gives and let all of us to live for Your glory.

We praise our Lord Jesus Christ. In the name of Jesus Christ.

Amen!

—April 2014

# 주는 자가 받는 자보다 복이 있다
– 주례사1

조금 전 사회자로부터 소개받은 오늘 주례를 맡게 된 김영철입니다.

먼저 많은 친지 분들과 하객 분들의 축복 속에 이렇게 아름답고 복된 결혼식을 올리게 되는 신랑 김경문 군과 신부 진선미 양의 결혼을 진심으로 축하합니다. 그리고 양가의 부모님께도 무한한 축하와 경하를 드립니다.

한 달 전쯤에 신랑의 부친으로부터 경문 군의 주례를 부탁한다는 연락을 받았을 때 마음에 적지 않은 부담이 있었습니다. 하지만 신랑의 큰아버지로서 결혼식 주례를 통해 사랑하는 조카를 진심으로 축복해 줄 수 있는 기회를 가지는 것도 매우 뜻깊은 일이라는 생각에 기쁜 마음으로 주례를 맡기로 승낙을 했습니다.

저를 믿으시고 이 귀한 주례를 허락하신 양가의 부모님들께 깊은 감사의 마음을 전합니다.

또한 오늘 김경문 군과 진선미 양의 결혼을 축하해 주시기 위해 이 자리에 참석하신 친지와 존경하는 내빈 여러분께 양가를 대신하여 깊은 감사를 드립니다.

신랑 김경문 군은 어릴 때부터 성인이 될 때까지 제가 늘 가까이 보아 왔는데, 경문 군은 항상 남을 배려할 줄 아는 멋진 성품을 가지고 있습니다. 경문 군은 현재 우리나라 최고의 '소믈리에'가 되겠다는 목표를 설정하고 10여 년 전에 미국으로 건너가서 공부 중인 장래가 기대되는 젊은이입니다.

신부 선미 양은 국내 명문대학을 졸업하고 수 년 동안 미국 유학을 마친 수재 중 수재입니다. 선미 양은 오늘 예식의 주인공답게 참으로 아름답고 나무랄 데 없는 최고의 신부입니다.

3주 전에 신랑 신부와 함께 저녁을 먹을 기회가 있었습니다. 비록 두세 시간의 짧은 만남이었지만, 제가 선미 양과 대화를 하면서 느낀 것은 선미 양은 누구에게나 믿음과 호감을 주는 참으로 좋은 성품을 가졌다는 것입니다. 참으로 장점을 많이 갖고 있는 반듯한 규수라는 확신이 들었습니다.

제가 감히 자신 있게 말씀드리고 싶은 것은, 두 사람의 만남은 분명히 하나님께서 이미 예비하시고 준비하신 연분이라는 것입니다.

오늘 사랑하는 가족, 친구, 그리고 수많은 하객들의 축복 속에 새로운 인생을 시작하는 신랑 신부에게 저는 몇 가지를 권면하려고 합니다. 서로 사랑함으로 행복하고 복된 가정을 이루기를 바랍니다. 인간이 사용하는 말 중에 "사랑"이라는 단어만큼 소중하고 뜻이 깊은 말은 없다고 생각합니다. 사랑이라는 말 속에는 이해, 배려, 존경, 경청, 관심, 격려, 희생, 책임이 포함되어 있습니다.

지금까지 신랑 신부는 각기 다른 환경과 여건 속에서 살아왔습니다. 따라서 가치 판단의 기준이나 인생관이 서로 다를 수 있습니다. 신랑 신부는 먼저 상대방을 이해하고 배려하는 노력을 하시길 바랍니다. 내 주장을 하기 전에 상대방의 의견을 존중해 주고, 내 마음을 열고 상대방의 마음을 경청하도록 노력하기를 바랍니다.

사랑의 반대는 "무관심"입니다. 상대방에게 늘 깊은 관심을 가지고 필요할 때마다 서로에게 힘과 용기를 주길 바랍니다. 상대의 부족한 점이나 허물을 지적하기보다는 가능한 한 이해하고 감싸주며 항상 서로 격려해 주기를 바랍니다.

인생을 살다 보면, 오늘처럼 기쁘고 즐거운 날도 많겠지만 때로는 힘들고 어려운 시기도 만나게 될 것입니다. 가정의 행복을 위해서 때로는 어려운 희생도 감내하고 무거운 책임도 피하지 말고 기쁜 마음으로 잘 감당하기를 바랍니다.

우리 모두가 원하는 인생의 행복은 결코 쉽게 얻어지는 것이 아니라 그에 상응하는 노력과 수고를 필요로 한다는 사실을 꼭 기억하길 바랍니다.

가정의 행복은 결코 물질의 많고 적음에 의해 결정되는 것이 아니며 사회적 위치나 권력으로 얻을 수 있는 것도 아닙니다. 행복한 가정은 부부가 함께 노력하며 만들어 가는 것이며 모든 사람이 원하는 가장 바람직한 협동 작품입니다.

바라건대, 신랑 신부는 함께 힘을 합하고 노력하여 모든 사람이 부러워하는 진정 행복한 부부가 되기를 소망합니다.

그리고 두 분은 양가 부모님을 진심을 다해 공경하기를 바랍니다. 이제 두 분은 나를 낳으시고 지금까지 길러주신 육신의 부모님 외에, 사랑하는 남편과 아내를 낳으시고 오늘날까지 지켜주신 새로운 부모님을 모시게 되었습니다.

신랑 신부가 오늘 이곳까지 올 수 있었던 것은, 부모님의 희생과 사랑 때문에 가능했다는 사실을 한시도 잊지 말고 부모님에 대한 감사의 마음을 늘 가슴에 담기를 바랍니다. 또한 부모님께 사랑과 존경을 표시하는 일과 부모님의 은덕에 감사함을 항상 진실된 행동으로 보여 주기를 바랍니다. 앞으로 태어날 두 분의 자녀들이 그 모습을 보고 배우게 될 것입니다. 이는 자연의 법칙입니다.

기독교의 경전인 성경에 이런 구절이 나옵니다.

"자녀들아 주 안에서 너희 부모에게 순종하라 이것이 옳으니라. 네 아버지와 어머니를 공경하라 이는 약속 있는 첫 계명이니 이로써 네가 잘되고 땅에서 장수하리라."

이 구절은, 부모님을 잘 모시는 자는 하나님이 축복해 주시겠다고 인간에게 주신 하나님의 약속입니다.

신랑 신부는 앞으로 부모님을 진심으로 공경하겠다고 하객들 앞에서 약속할 수 있어야 합니다.

하객 여러분이 동의를 하신다면, 오늘 이처럼 아름다운 신랑 신부가 있기까지 노고가 많으신 양가 부모님께 격려와 감사의 박수를 한 번 드리도록 하겠습니다.

감사합니다!

마지막으로 두 분은 이웃에게 사랑을 나누고 베풀며 살기를 바랍니다. 삶의 목표는 사람에 따라 다를 수 있습니다. 물질이 제일이라는 사람도 있고, 건강이 제일이라는 사람도 있고, 명예와 권세가 제일이라는 사람도 있습니다. 그러나 어느 한 가지만 가지고는 균형 잡힌 삶을 살기가 어렵습니다. 우리가 살아가는 데는 물질, 건강, 명예, 지혜가 모두 필요합니다.

신랑 신부는 열심히 그리고 정직하게 일해서 돈도 많이 벌고 가능한 한 부자가 되기를 바랍니다. 우리가 꼭 기억하고 마음에 늘 새겨야 할 것은 비록 가진 것이 아주 많다고 할지라도 삶에 우선순위가 잘못되면 진정한 의미에서 성공적인 삶, 바람직한 삶이라 말하기 힘들다는 것입니다. 따라서 두 분은 삶의 우선순위를 잘 정하고 살기를 바랍니다.

우리가 오래도록 기억하며 존경하는 분들의 공통점은 이기적인 삶을 살아온 사람들이 아니라 항상 이웃과 사회에 사랑을 베풀며 가진 것을 나누며 산 사람들입니다.

가깝게는 형제와 이웃과 사회, 넓게는 이 지구촌을 위해 내가 어떤 몫을 감당해야 할지 늘 사려 깊게 생각하며 항상 베푸는 삶을 살기를 권면합니다.

성경은 우리에게 "주는 자가 받는 자보다 복이 있다."라고 가르칩니다.

늘 사랑의 손길을 내밀며 사는 복된 삶을 살도록 노력하며, 선하고 좋은 일로 기억되는 부부가 되기를 바랍니다.


김경문 군과 진선미 양, 행복은 먼 곳에 있는 것이 아니고 다른 사람이 줄 수 있는 것도 아닙니다. 행복은 바로 신랑 신부의 마음속에 있습니다. 행복은 두 사람이 살아가면서 함께 이루어가야 할 두 사람의 목표입니다.

항상 기뻐하고, 범사에 감사하며 늘 기도하는 삶을 살길 바랍니다.


하나님의 축복이 인생 끝 날까지 함께하기를 진심으로 기원합니다.

이상으로 주례를 마치겠습니다.


경청해 주셔서 대단히 감사합니다.

-2009. 12. 05.

# 사랑의 다른 이름은 이해, 배려, 존경, 경청, 관심, 격려, 희생, 책임입니다

– 주례사2

만물이 소생하고, 산과 들에는 각종 아름다운 꽃들이 피어나는 이렇게 좋은 계절에 인생의 가장 중요한 결혼식에서 가족과 수많은 친지들의 축복 속에 신랑 김경석 군과 신부 이지현 양의 결혼식 주례를 맡게 되어 참으로 기쁘게 생각합니다.

우선, 신랑 신부의 새로운 출발을 축하해 주시려고 바쁘신 가운데 귀한 시간을 내시고, 이 자리에 참석해 주신 모든 하객 분들께 양가를 대신하여 깊은 감사를 드립니다.

우리 인생에는 세 번의 중요한 만남이 있다고 생각합니다.

첫 번째는 좋은 부모님을 만나는 일이고,

두 번째는 존경할 만한 스승을 만나는 일이며,

세 번째는 인생을 함께 살아갈 동반자, 즉 남편과 아내를 만나는 일입니다.

부모님과 스승을 만나는 것은 내가 선택할 사항은 아닌 부분이지만, 인생의 반려자 선택은 자신이 결정할 수 있는 가장 큰 만남이라 봅니다. 바라건대, 오늘 가정을 이루는 신랑 신부는 자신이 오랜 시간을 두고 생각하고 선택한 배필이기에 서로 사랑하며 아름다운 가정을 이루어 나가리라 믿습니다.

제가 신랑 김경석 군의 큰아버지라서 경석 군이 태어나서 성장하는 과정을 가까이서 지켜보았는데 경석 군은 항상 책임을 다하려고 노력하며 상대방에게 신뢰를 주는 좋은 성품을 가지고 있습니다.

경석 군은 중국에서 대학을 마치고, 또 영국에서 유학을 하여 21세기 세계화 시대에 적응하기 위한 준비를 하였으며, 지금은 국가 연구기관인 산업연구원에 근무하고 있습니다. 그는 산업연구원에서 지난 30여 년간 성공적으로 경제발전을 시킨 우리나라의 성장 경험과 노하우를 제3세계에 가르쳐주는 아주 중요한 일을 하는 장래가 촉망되는 젊은이입니다.

신부 이지현 양은 훌륭한 부모님 슬하에서 많은 사랑을 받으며 귀하게 성장했고, 국내 명문대학인 인하공전 항공학과를 졸업했으며, 영국 유학을 마치고 지금은 한국의 대표 항공사인 아시아나에 근무하고 있습니다.

신부 이지현 양은 오늘 예식의 주인공답게 참으로 뛰어난 미모와 지적인 아름다움을 겸비한 어디 한 곳 부족함이 없는 최고의 신부입니다.

제가 감히 자신 있게 말씀드리고 싶은 것은, 두 사람은 천생연분으로 이들은 분명히 하나님께서 미리 예비하시고 축복해 주신 배필이라는 것입니다.

사랑하는 가족, 친구, 그리고 수많은 하객들의 축복 속에 새로운 인생을 시작하는 신랑 신부에게 다음 세 가지를 권면하려고 합니다.

첫째, 서로 사랑과 존경으로 행복하고 복된 가정을 이루기를 권면합니다. 우리가 사용하는 말 중에 "사랑"이라는 단어만큼 소중하고 뜻이 깊고 많은 의미를 가진 단어는 찾아보기 어렵다고 봅니다.

우리가 자주 사용하는 사랑이라는 말 속에는 다음의 뜻이 포함되어 있습니다. 이해, 배려, 존경, 경청, 관심, 격려, 희생, 그리고 책임입니다.

지금까지 신랑 신부는 각기 다른 환경과 여건 속에서 살아왔습니다. 그러므로 가치 판단의 기준이나 인생관이 서로 다를 수 있습니다.

신랑 신부는 먼저 상대방을 이해하고 배려하는 노력을 하길 바랍니다. 내 주장을 하기 전에 우선 상대방의 의견을 존중해 주고, 또 내 마음을 열고 상대방의 마음을 경청하도록 노력하기를 바랍니다.

사랑의 반대는 미움이 아니라 무관심입니다.

상대방에게 항상 깊은 관심과 애정을 가지고, 필요할 때마다 서로에게 힘과 용기를 주길 바랍니다.

상대의 부족한 점이나 허물이 보이더라도 이를 지적하기보다는 가능한 한 이해하고 감싸주며 항상 사랑으로 서로 격려해 주기를 바랍니다.

우리가 살아가는 삶 속에는 오늘처럼 기쁘고 즐거운 날도 있지만, 때로는 예견하지 못한 힘들고 어려운 시기도 수시로 만나게 될 것입니다. 가정의 행복을 위해서 때로는 어려운 희생도 감내해야 하고 무거운 책임도 회피하지 말고 기쁜 마음으로 잘 감당해야 합니다.

우리 모두가 원하는 인생의 행복은 결코 쉽게 얻어지는 것이 아니라 그에 상응하는 노력과 수고와 때로는 많은 희생과 아픔 또한 수반된다는 사실을 기억하길 바랍니다.

우리 모두가 원하고 있는 행복은 결코 소유의 많고 적음에 따라 결정되는 것이 아니며, 사회적 지위나 권력이나 학벌로 얻을 수 있는 것도 아닙니다. 행복한 가정은 부부가 함께 이해하고 노력하고 양보하면서 상대방을 최대한 배려하는 가운데 함께 만들어 가는 생활 예술이며, 모든 사람이 원하는 가장 바람직한 삶의 작품입니다.

간절히 바라기는,
신랑 신부는 함께 힘을 합하고 노력하여 모든 사람이 부러워하는 진정 행복한 부부가 되었으면 좋겠습니다.

둘째, 신랑 신부는 양가 부모님을 진심을 다해 공경하기를 권면합니다. 신랑 신부는 이제 나를 낳으시고 지금까지 길러주신 육신의 부모님 외에, 사랑하는 남편과 아내를 낳으시고 오늘날까지 지켜주신 새로운 부모님을 모시게 되었습니다.

신랑 신부가 오늘 이곳까지 올 수 있었던 것은, 부모님의 희생과 사랑이 없었다면 불가능한 일이었다는 사실을 한시도 잊지 말고 부모님에 대한 감사의 마음을 늘 가슴에 담기를 바랍니다. 뿐만 아니라 부모님에 대한 사랑과 존경을 표시하는 일과 부모님이 지금까지 베풀어주신 사랑과 은혜에 감사함을 항상 진실된 행동으로 보여 주기를 바랍니다.

두 분이 부모님을 잘 모시면, 앞으로 태어날 두 분의 자녀들 또한 그 본을 받아 두 분을 잘 모실 것입니다.

이는 자연의 법칙이며 하나님이 약속해 주신 것입니다.

기독교의 경전인 성경에 이런 구절이 나옵니다.

"자녀들아 주 안에서 너희 부모에게 순종하라 이것이 옳으니라. 네 아버지와 어머니를 공경하라 이는 약속 있는 첫 계명이니 이로써 네가 잘되고 땅에서 장수하리라."

이 구절은 부모님을 잘 모시는 자는 하나님이 축복해 주시겠다고 우리에게 주신 하나님의 약속입니다.

신랑 신부는 부모님을 진심으로 공경하겠다고 약속할 수 있겠지요?


마지막으로 셋째, 신랑 신부는 이웃과 사회에 사랑을 나누고 베풀며 성공적이고 바람직한 삶을 살길 권면합니다.

삶의 목적과 가치는 사람에 따라 다를 수 있습니다.

우리가 살아가는 데 물질이 가장 중요하다고 생각하는 사람도 있고, 건강이 가장 중요하다고 생각하는 사람도 있으며, 명예와 권세가 가장 중요하다고 생각하는 사람도 있습니다.

사실, 우리의 삶에는 위에서 언급한 것들이 다 필요합니다. 어느 한 가지만 가지고는 균형 잡힌 삶을 살기가 어렵습니다. 우리가 살아가는데는 물질도, 건강도, 명예도, 지혜도 필요합니다.

제가 원하기는,

신랑 신부는 열심히 그리고 정직하게 일해서 사회에 기여하며, 가능하면 돈도 많이 벌어서 여유 있고 행복한 삶, 성공적인 삶을 살았으면 좋겠습니다.

우리가 꼭 기억하고 마음에 늘 새겨야 할 사항은, 비록 세상에서 필요한 것을 다 가졌다 하더라도 삶에 우선순위가 잘못되면 진정한 의미에서의 성공적인 삶, 바람직한 삶이라 말하기 힘들다는 것입니다.

권면하기는 두 분의 삶에 있어서 우선순위를 잘 정해 놓고 살기를 바랍니다.

우리들의 기억 속에 오래도록 존경받는 분들의 공통점은, 나만을 위해 이기적인 삶을 살아온 사람들이 아니라 항상 이웃과 사회에 사랑을 베풀며 가진 것을 나누며 산 사람들입니다.

능력이 허락하는 한, 아니 좀 힘에 겨울지라도 가깝게는 형제와 이웃과 사회, 그리고 넓게는 이 지구촌을 위해 내가 어떤 몫을 감당해야 할지 늘 사려 깊게 생각하고 내 도움이 필요한 곳에 항상 베푸는 삶을 살길 바랍니다.

성경은 우리에게 복 받는 인생을 이렇게 알려줍니다.

"주는 자가 받는 자보다 복이 있다."

할 수 있는 한 사랑의 손길을 내밀며 하나님이 내게 주신 축복을 나누고 살아가는 복된 삶을 살도록 노력하면서 선하고 좋은 일로 기억되는 부부가 되기를 바랍니다.

이려운 이웃이나 소외된 사람들의 아픔을 외면치 말고 가능한 한 베풀며 살므로 하나님께 인정받고 주위로부터 존경받는 아름다운 삶을 살 수 있도록 노력하기를 바랍니다.

김경석 군, 이지현 양, 두 사람이 바라는 가정과 삶의 행복은 먼 곳에 있는 것이 아니고, 환경에 의해 만들어지는 것도 아니며, 특별한 조건을 요하는 것도 아니고, 물론 다른 사람이 가져다주는 것도 아닙니다.

행복은 상황이나 조건이 아니라 내 마음 자세와 삶의 방식에 의해 얻을 수 있습니다.

두 사람이 원하는 행복은 바로 신랑 신부의 마음속에 항상 있습니다.

성경은 우리에게 가르칩니다.

"항상 기뻐하고, 쉬지 말고 기도하고, 범사에 감사하며 살라."고.

큰아버지로서, 그리고 인생을 먼저 살아온 선배로서 권면하기는 신랑 신부는 항상 하나님의 말씀에 순종하며 살므로 하나님의 축복이 인생 끝 날까지 함께하기를 진심으로 기원합니다.

이상으로 주례사를 마치겠습니다.

경청해 주셔서 대단히 감사합니다.

−2014. 04. 20.

# Thank you all for coming!

− Appreciation speech(감사의 말 : 딸의 결혼식에서)

First of all,

I would like to thanks to our gracious God who allowed special bless to my family. Today is really a special day to Mr./Mrs. Dapara and my family.

God gave handsome Eddie as son to my family and God allowed beautiful Eileen as daughter to Mr./Mrs. Dapara.

I do not have a boy by birth but God gave really a good son to my family through this marriage and I am very happy today.

I wish to say thanks to minister Kim who preside over this wedding and gave inspirational bless to new couple.

I have to express my sincere gratitude to Mr./Mrs. Kang.

They arranged most of procedure of this wedding just like they are preparing the wedding of their 5th daughter.

We have very important guests today Mr. Shin, Mr. Woo, Mr. Park and Mr. Kim.

You shared your valuable time to our family and we thank you all.

There are several beautiful ladies and gentlemen who flew to Seattle from different part of USA to celebrate this wedding. Thank you all for coming.

I want to express our thank for your coming, I ordered manager of this club to prepare the best food they can.

So I believe that those foods they serve will be the best one in Seattle.

Please enjoy dinner and relax with nice music and conversation.

Thanks again to all of you.


God bless all of you!

−2005. 04. 23.

# 딸에게 보내는 편지

사랑하는 큰 딸에게

지난달 시애틀 공항에서 6개월 만에 너와 동생을 만났을 때 이제 숙녀 티까지 보이며 성숙해 가고 있는 우리 큰 딸 경희의 모습에 엄마와 아빠는 무척이나 대견스러웠단다.

2년 전 너를 혼자 미국에 두고 올 때 너도 울었지만 엄마도 많이 울었다. 어린 것이 낯선 미국생활에 잘 적응할지, 학업은 잘 따라갈지 등 여러 가지로 걱정이 아주 많았단다. 미국생활이 예상했던 것보다 쉽지는 않았을 것이다. 외로운 적도 많았을 테고. 말 못할 어려움은 또 얼마나 많았겠니? 그럼에도 불구하고 많은 어려움을 잘 극복하고 새로운 생활에 잘 적응하고 있으니 참으로 대견하구나. 게다가 학업에도 정진하여 지난 학기에는 종합 우등상을 받았다니 엄마 아빠는 네가 무척 자랑스럽단다.

다시 한 번 너의 우등상 수상을 축하하고 너를 돌보아 주신 학교 선생님들과 주위에 사시는 친척 분들께도 감사하다.

또한 너를 항상 지켜주신 하나님께 감사한다. 어느덧 내년에는 네가 대학 진학을 하게 되는구나. 진로는 가능한 한 네 스스로 결정하도록 해라. 우리는 단지 안내자가 되려고 한다. 대학은 너의 앞날에 아주 중요한 부분이니 충분히 기도하고 신중히 생각하려무나.

다만, 엄마 아빠는 네가 다음 세 가지를 꼭 유념해 주면 좋겠다.

첫째, 네가 가장 잘 할 수 있고, 참으로 좋아하는 일을 선택하도록 해라. 일은 우리의 삶에서 가장 중요하고 값어치 있는 일이며, 그 일은 네가 남보다 잘 할 수 있어야 하고, 또 기쁜 마음으로 할 수 있어야 한단다. 네가 살아야 할 시대는 지금보다 경쟁이 더 심할 뿐만 아니라 한국이라는 작은 나라에서가 아니라 세계를 상대로 넓은 무대에서 경쟁해야 하므로 너의 재능(달란트)을 충분히 살려야 한단다. 네가 어느 분야에서 가장 잘 할 수 있을지, 남보다 앞서 나갈 수 있을지 미리 생각하고 준비하도록 해라.

둘째, 네가 평생 기쁜 마음으로 보람을 찾을 수 있는 일을 찾도록 해라. 사람은 일을 위해 태어났으며, 힘이 있는 한 일하며 살아야 한단다. 인간의 모습 중 가장 아름다운 것은 땀 흘려 자신의 일에 정진하는 모습이라고 생각한다. 하나님은 사람마다 다른 재능을 주셨고, 네게도 그런 재능을 주셨으리라 믿는다. 네가 항상 기쁜 마음으로 정말 평생토록 정진할 수 있는 일이 무엇인지 생각하며 진로를 택하도록 해라.

셋째, 우리의 이웃과 사회와 국가에 필요하고 남에게 도움을 줄 수 있는 일을 찾도록 해라. 우리는 알게 모르게 사회와 이웃으로부터 많은 도움과 사랑을 받으며 살고 있단다. 네가 오늘날까지 성장하는 데는 가족의 사랑과 돌봄이 있었고, 선생님들과 사회의 보이지 않는 따뜻한 손길이 많았단다. 이제 사회에 나가면 어른이 되어서 이웃과 사회와 국가에 보탬이 되는 사람이 되어야 하며 사회에 도움이 되는 성숙한 시민이 되어야 한다.

내가 아무리 남보다 잘할 수 있는 일이라도, 그 일이 나 자신의 부와 명예만 위하는 이기적인 일이 되어서는 안 된단다. 내가 하는 일이 내 사회, 내 나라를 보다 아름답고, 편하고, 복된 사회를 만드는 데 기여할 수 있어야 한다. 사회에 도움을 주지 못하는 일은 해서도 안 되며, 나와 내 가족만을 생각하는 이기적인 자세도 버려야 한다.

엄마 아빠는 경희와 경미, 우리 두 딸이 성숙한 사회인으로 성장하여 우리 사회와 나라를 더 좋은 곳으로 만드는 데 기여할 수 있는 기회를 많이 가지기를 바라며, 하나님이 기뻐하시는, 그리고 사회가 필요로 하는 훌륭한 시민이 되기를 기도한단다.

몸조심해라.

엄마 아빠는 너와 동생을 늘 사랑하고 있다.

-1996. 08. 05. 서울에서 아빠가

# 카라치(Karachi)에서의 단상(短想)

여기는 파키스탄Pakistan의 상업도시 카라치이다. 돌멘Dolmen은 현지 최고의 백화점이고, 최상류층이 즐겨 찾는 곳은 글로리아 진스Gloria Jean's라는 커피숍이다. 근 10년 만에 다시 찾은 파키스탄은 나에게 참 많은 것을 느끼게 한다.

이 나라의 국토 면적은 한국의 열 배 정도이고 인구는 네 배 정도인 세계 9위의 대국에 속한다. 그러나 파키스탄과 우리나라를 비교해 보면, 우리가 얼마나 하나님의 축복을 받고 있는지 새삼 놀라게 된다. 파키스탄은 국토 면적과 인구 대비로 보면, 우리의 4~5배가 되는 대국이지만, 현재 그 나라의 생활수준은 우리의 1/5 수준 정도로 보인다. 주어진 조건으로 본다면, 당연히 우리보다 4~5배 정도는 잘 살아야 하는데, 그 반대니 우리가 참 잘사는 나라임을 다시 실감하게 된다.

거리에는 신호등이 거의 없고, 길거리에는 여기저기 쓰레기가 넘쳐 나고 있다. 비위생적인 환경, 구걸하는 불쌍한 어린이, 아기를 업은 채 구걸하는 수많은 여인들, 족히 30년은 넘어 보이며 박물관에나 있어야 할 차들이 아직 도로를 굴러다니고 있다. 이렇다 보니 잘 사는 사람들은 자체 경비를 위해 사설 경비원을 고용해야 하며, 경찰은 곳곳에 검문소를 설치해 차량과 사람들을 검문 검색한다.

우리나라는 어떻게 하여 이처럼 많은 축복을 받고 사는 것일까? 우리의 피나는 노력도 있지만, 아무리 생각해 보아도 우리의 노력이나 애씀만으로 이룬 것이 아니라 하나님의 축복으로 이룬 것임을 부인할 수 없다. 우리는 하나님을 더 신뢰하고 그분의 사랑에 감사하며 온전히 주님의 말씀에 순종하며 살도록 노력해야 한다.


내가 주님을 온전히 더 의지하며, 주님께 감사하며 살도록 하겠습니다.

주님, 감사합니다.


−파키스탄의 카라치에서(2013. 11. 01.)

**Part 3**

# 나의 삶

회고록

내가 걸어 온 70여 년의 길을 뒤돌아본다. 물론 내가 걸어온 길이긴 하지만 깊이 생각해 보면 내가 오늘 여기까지 올 수 있었음은 결코 내 힘과 능력, 노력만으로 가능하지 않았다. 나는 많은 분들에게 너무나 많이 사랑의 빚을 진 사람이다.

우선 나를 낳으시고 길러주신 부모님, 사랑하는 나의 가족, 나의 형제자매, 나를 가르쳐주셨던 많은 은사님들, 함께 신앙생활을 해온 수많은 믿음의 형제자매들, 학교 동창들, 사회생활을 함께한 동료·선후배들…….

그분들의 사랑과 격려와 돌봄이 있어서 오늘의 내가 있음을 알기에 가장 먼저 나의 마음과 머리에 떠오르는 생각은 나의 삶 속에는 감사할 일들이 너무나 많았음을 고백하지 않을 수 없다.

# 어린 시절

    나는 1948년 평안북도 선천군에서 태어났다. 우리나라가 1945년도에 일본으로부터 해방이 되면서 남한에는 이승만 대통령이 이끄는 민주 정부가 수립되었지만, 이북에는 김일성이 주도하는 공산 정권이 들어섰다. 좌파 정부는 인민의 평등을 주장(실은 공산주의가 더 차별이 심함)하며 지주 계급과 학식 있는 사람들을 탄압하는 정책을 폈다. 좌파의 기준으로 보면, 우리 부모님은 땅을 많이 소유한 지주 계급이며 공부를 많이 한 인텔리에 속하므로 북한에 좌파 정부가 수립되면서 탄압이 시작되었을 때 우리 가족도 예외가 아니었다.

    우리 부모님은 이미 공산주의의 실체를 알고 계셨고 특히 김일성 정권에 대한 불신감을 가지고 계셨다. 그래서 가족의 미래를 위해 탈북을 결심하시고 고향을 떠나셨다. 지금도 생각해 보면, 우리 부모님이 정말 선견지명이 있으셨고 미래를 내다보시는 혜안이 뛰어나셨다는 생각이 든다. 만약 그때 우리 가족이 남한으로 탈출하지 않았다면 우리 형제자

때외 나의 자녀들은 모두 지금쯤 북한에서 노예와 다름없는 아주 고된 생활을 하고 있을지도 모른다.

그러고 보니 나는 탈북 1세대다. 내가 채 돌이 되기 전에 조부님을 제외한 모든 가족들(부모님, 조모, 누나, 형제들)이 야간을 이용하여 서울로 탈출했다. 조부께서는 병원을 운영 중이셨고 고향에 적지 않은 재산이 있었으므로 그것을 다 두고 떠나실 수 없었다고 한다. 적당한 시기에 재산을 모두 처분하고 뒤따라오시기로 했었지만 불행하게도 그것이 조부와의 영원한 이별이 되었다. 조부께서는 일찍이 서울 의전(현 서울의대)을 졸업하시고 평안북도 만포 지역에서 공의Public Doctor를 역임하셨고 나의 고향인 선천에서 미동병원을 운영하셨다고 들었는데 나는 아기 때라 조부에 대한 기억이 없다. 전쟁 후에 전해들은 이야기로는 조부께서는 한국 전쟁 당시 한국군이 압록강까지 진격했을 때 의사로서 한국군 부상자들을 치료하는 일을 하셨는데 중공군의 개입으로 한국군이 남쪽으로 철수한 후 한국 전쟁 시 한국군을 치료한 사실이 김일성 정권에 알려져 반동으로 몰려 북한군에게 총살을 당하셨다고 한다.

어린 시절의 나의 첫 기억은 온 가족이 부산으로 피난해 부산 영도 영선동에 있는 피난민 수용소에서 지내던 때다. 당시 우리가 살았던 피난소 시설은 무척이나 열악했다. 피난 시절 부모님은 가족들을 돌보시고 피난생활을 하시느라 무척이나 힘드셨을 것으로 짐작된다. 우리가 거주하는 수용소에는 가족별로 사용할 수 있는 화장실 시설이 없어서 수용소 위쪽에 설치해 놓은 공중 화장실을 이용했는데 시설이 허술해서 비가 많이 오는 날에는 분뇨가 수용소 시설로 흘러내려 고생을 한 기억도 있다.

우리는 부산에 아무런 연고도 없었고 전쟁 중이라 부친께서는 일자리를 얻을 기회가 거의 없었다. 그러나 미군의 군수 물자가 대량으로 부산항에 반입될 시기라 다행히 부친께서도 부두에서 하역 일을 돕는 노무자로 일을 하실 수 있게 되었다. 대학 교수를 하시던 분이 가족을 부양하기 위해서 부두에서 노무자로 일하셨던 것을 생각하면 지금도 눈물이 난다. 지금 부친이 살아서 내 곁에 계신다면 한 번 꼭 안아드리고 싶다. 부친은 부두에서 노무자로 며칠 일을 하시다가 현장 감독을 하던 미군이 부친께서 영어를 하시는 것을 보고 작업반장으로 승진시켜 주어서 실제로 몸으로 짐을 나르는 일은 오래 하지 않으셨다. 전쟁 중이라 어쩔 수 없는 일이었지만 대학 교수를 하시던 분이 부둣가 하역장에서 일을 하신다는 것이 자식 입장에서 매우 가슴 아픈 일이었다. 어머님도 가족의 생계를 위해 국제시장에서 좌판을 펴고 미군 물자를 파는 행상을 하셨다. 지금도 기억에 남는 것은 5~6살 무렵 형, 누나와 함께 어머님이 장사를 하시던 국제시장에 가면 어머님이 우리에게 국수를 사주셔서 정말 맛있게 먹었던 기억이 남아 있다. 그 당시 아이들에게는 국수가 특식 중 특식이었다.

　피난민의 생활이 얼마나 힘든 것인지 경험해 보지 않은 사람은 이해하기 힘들다. 우리 가족도 피난민 생활을 하면서 무척 힘든 시간을 보냈지만 나는 너무 어려서 부모님의 사랑과 돌보심으로 크게 불편했던 기억은 별로 없다. 오히려 즐거웠던 기억들이 많이 남아 있다. 영도의 바닷가에서 뛰어 놀던 일, 영도 다리가 올라가는 것이 너무나 신기해서 하루가 멀다 하고 달려가 보던 일(당시에는 정오에 다리 상판을 들어 올려 배들이 지나가도록 했음), 동네 꼬마들과 함께 미군들을 따라다니며(집 근처에 미군부 내가 있음) 그들이 주는 과자를 받아먹던 일(그때 미군들이 준 그 과자가 얼마나 맛이 있던지)……

나는 1954년에 영선동에 있는 청운국민학교(현 초등학교)에 입학했다. 당시 학교 건물은 벽돌 건물이 아니라 텐트로 되어 있었고 교실 바닥은 마루 대신 흙바닥이었다.

부친께서는 일본이 한국을 강점했던 시기에 보성 고보를 졸업하시고 당시로는 흔치 않은 일이지만 일본 동경농과대학을 졸업하시고 서울시립농과대학(현 서울산업대학)에서 교편을 잡고 계셨는데 6·25 전쟁 때 조부님을 제외한 온 가족을 데리고 남쪽으로 피난을 하셨다. 한국 전쟁이 끝난 후 당연히 서울시립농과대학으로 귀임을 하셔야 했지만 전쟁이 또 일어날지 모른다는 염려와 전쟁이 재발하면 또다시 가족들이 고생할 것이 걱정되셔서 서울시립농과대학으로의 복직을 마다하시고 가족들의 안전을 위해 남쪽에서 거주하기로 결정하셨다.

부친은 두 곳에서 청빙을 받으셨다. 부산에 있는 경남고등학교 교감 자리와 진주농대(현 경상대학교) 교수 자리였다. 부친은 교수를 하시던 분이라서 진주농대로 가기로 결정하셨고 그 때문에 가족 모두 진주로 이사를 갔다.

# 진주에서의 초·중·고 시절

　우리 가족은 1955년 겨울(12월로 기억됨), 진주로 이사를 했다. 부친께서는 이삿짐과 함께 트럭을 타고 진주로 오셨고 나머지 가족은 기차를 탔는데 그때 무척 추워서 힘들었던 기억이 남아 있다. 요즘에는 이삿짐 센터가 이삿짐을 싸고 옮기고 실어다 주고 심지어 짐을 풀어주기까지 하지만 1950년대에는 모두 직접 하던 시절이었다. 우리 가족이 이사를 한 진주의 집은 아주 작고 협소했지만 부모님의 사랑과 돌봄으로 진주에서의 생활은 참 즐거운 추억으로 남아 있다.

　나는 1955년에 진주 칠암동에 있는 천전국민학교에 들어갔다. 그 당시 진주에는 표준말(그때는 서울말이라고 했음)을 사용하는 사람들이 흔치 않았던 걸로 기억된다. 부모님이 표준말을 쓰셨으므로 나는 서울말을 썼으며 심한 사투리는 잘 이해를 못했다. 하루는 학교를 가는데 친구가 나에게 "야 저기 곱새(표준말 꼽추)가 간다."라고 했다. 나는 무슨 큰 새가 있는 줄 알고 새를 찾았는데 아무리 찾아도 내 눈에는 새가 보이지 않아서 친구에게 "세기 이디에 있느냐?"고 되묻기도 했다. 힌빈은 수업 중에 선생님이 "부엌"이라는 표준말(사투리로는 "정지"라 함)이 생각나지 않으시자 나를 보시면서 "영철아, 정지를 서울말로 뭐라고 하지?" 하고 물으셔서 부엌이라고 알려드렸던 기억이 있다. 선생님은 나를 부반장으로 임명하셨고 1~3학년 동안 줄곧 부반장을 했다. 그때는 매시간 수업을 시작할 때마다 선생님께 "차렷, 경례"를 하여 예를 표했다. 선생님이 나를 부반장으로 임명하신 것은 나의 부친이 대학 교수기 때문이었다. 나는 부모님 덕분에 부반장으로 임명받았음을 감사하게 생각한다.

우리는 국민학교, 중학교 시절에 성북교회를 다녔다. 부친과 모친은 집사 직분으로, 조모님은 권찰로 교회를 섬기셨다. 나는 아직도 크리스마스 새벽에 교인들 집을 방문해 캐럴carol을 부르며 새벽 송을 돌던 시절이 기억난다. 새벽 송을 도는 성가대가 우리 집에 오면 모친은 성가대원들에게 떡국을 끓여 대접하곤 하셨다. 나는 어릴 적이라 새벽 송을 돌지는 않았지만 성가대가 우리 집에 와서 떡국을 먹을 때 함께 먹곤 했다. 또 하나는 우리가 국민학교를 다니던 시절에는 산타클로스 할아버지가 정말 존재하며 크리스마스 때 착한 아이에게만 선물을 주는 줄 믿고 있었다. 그래서 크리스마스 전날 저녁에는 내일 아침에 일어나면 머리맡에 산타 할아버지가 선물을 잔뜩 놓고 가실 거라는 큰 기대를 안고 잠자리에 들곤 했다.

크리스마스 아침에는 눈을 뜨자마자 먼저 손을 머리맡으로 뻗어서 선물이 있는지를 확인했는데 늘 머리맡에는 많은 선물들이 놓여 있었다. 나는 국민학교 4학년이 되어서야 그 선물이 산타 할아버지가 준 것이 아니라 부모님이 우리를 위해 준비하셨다는 것을 알게 되었다.

1950~60년대 당시에 아이들이 크리스마스 선물을 받는 것은 흔치 않은 일이었다. 우리 부모님은 우리에게 그렇게 많은 추억을 만들어 주셨다.

1955~67년 진주에서의 생활은 참 행복했었다. 부친은 대학에서 후학을 가르치시며 가족을 돌보시느라 쉽지 않은 시간을 보내셨고, 모친은 우리 오남매를 키우시느라 정말 애를 많이 쓰셨다. 우리 가족이 고향인 이북 선천에 살았을 때는 조부께서 병원도 운영하시고 제법 토지도 많이 가지고 계셨기에 우리는 상당히 부유한 생활을 했다. 하지만 우리가 월남을 할 때는 거의 빈손이었기에 부친의 월급으로 사는 진주에서의 생활은 그리 넉넉하지는 않았을 것이다. 그럼에도 불구하고 부모님의 사랑으로 우리 가족은 커다란 불편 없이 지낼 수 있었다. 당시는 적지 않은 가정이 하루 세끼 식사를 다 챙겨 먹지 못하던 시절이었다. 부모님은 그리 넉넉하지 않으신 가운데서도 이웃에게 사랑을 베푸시며 항상 범사에 감사하라는 교육을 시키셨다.

우리 옆집에 참 어렵게 사는 가정이 있었다. 그 집 아버지는 집수리하는 일을 했는데 고정 수입이 없어서 식사를 거르는 일이 많았다. 우리 부모님은 간간히 그 식구들에게 음식을 나누어주셨다. 당시에는 극빈자 가정에 동회(현 주민자치센터)에서 옥수수 가루를 배급해 주었다. 미국이 480법을 제정해 우리나라처럼 식량이 부족한 국가를 원조하는 특별 지원 프로그램을 운영하고 있었기 때문이다. 당시 우리나라는 극빈국에 속했으므로 미국이 제공하는 옥수수 가루를 구호물자로 공급받았다. 우리 옆집도 극빈자 가정으로 분류되어 나라에서 주는 구호물자를 배급받아 그 가루로 죽을 쑤어서 먹었는데, 그 부부는 우리 부모님께 고맙다는 표시로 가끔 옥수수 죽을 갖다 주곤 했다. 내 입에는 그 죽이 너무 맛이 없어서 불평을 했더니 부모님께서는 철없이 불평하는 나에게 "음식은 항상 감사한 마음으로 맛있게 먹어야 한다."며 타이르셨다.

부친은 식품 공학을 전공하셨기에 혹시나 성장기에 있는 우리들이 영양실조에 걸리면 어쩌나 하는 염려를 하시며 늘 자식들의 식사에 각별히 신경을 쓰셨다. 지금도 기억에 남는 건 부친께서는 아이들이 성장할 때는 충분한 영양을 공급해 주어야 한다며 1950년도 당시에 정말 귀한 버터(큰 캔에 들어 있는 미군용)를 종종 사다 주셔서 형제자매들과 따뜻한 밥에 비벼서 아주 맛있게 먹곤 했다. 당시에 버터를 먹는다는 것은 정말 흔치 않은 일이었다. 가끔 친구들을 집에 데리고 와서 같이 먹었는데 국민학교 동창회에서 만난 한 친구가 우리 집에서 맛있게 먹었던 그 밥이 60년이 지난 지금도 가끔 생각난다고 했다. 그 친구는 그것이 버터에 비빈 것인 줄 모르고 먹었겠지만……. 또한 부친께서는 자라나는 아이들은 식사만으로는 필요한 영양소를 골고루 섭취하는 것이 힘들다시며 "원기소"라는 그 당시로서는 최고의 종합영양제를 우리에게 먹이셨다.

나는 어릴 적에 부모님 심부름을 잘 해서 칭찬을 받곤 했는데 그 때문에 난처한 일을 경험하기도 했다. 내가 국민학교 5~6학년 때로 기억한다. 아침밥을 거의 다 먹어 가고 있었는데 모친께서 나에게 "형이 도시락을 안 가지고 학교에 갔으니 빨리 뒤따라가서 형에게 도시락을 주라."고 하셨다. 형은 그때 집에서 3킬로미터 정도 거리에 있는 진주중학교를 다니고 있었다. 나는 밥숟가락을 놓고 후다닥 형의 도시락을 챙겨 달려 나갔다. 형이 평소 학교를 갈 때 어느 길로 가는지 잘 알기에 곧 만나리라 생각하고 뛰어나갔는데 집 뒤에 있는 둑길까지 갔는데도 보이지 않았다. 남강 다리에서는 형을 만나기를 기대하며 남강 다리까지 달렸는데 형은 여전히 보이지 않았다. 계속 달려가다 보니 진주 시내였고 시내 중심가인 진주 극장 앞에서 형을 만나 간신히 도시락을 전달했다.

문제는 그 다음이었다. 당시 애들은 집에서 런닝에 팬티만 입고 지냈는데 급히 심부름을 하느라고 내가 무슨 옷을 입었는지 생각할 겨를도 없이 달려온 것이다. 형에게 도시락을 건네준 뒤에 정신을 차리고 보니 반팔 런닝에 팬티 차림이었다. 갑자기 부끄럽다는 생각이 들어 몹시 당황스러웠다. 실은 나 혼자 생각이었지 누구 한 사람 내가 팬티 차림이었다고 나를 흉을 보거나 나무랄 시대는 아니었다. 좌우간 나로서는 위기감이 들었고 이 상황을 어찌해야 할지 고민이 되어 작은 꾀를 생각해냈다. 내가 걸어서 간다면 내 모습을 보고 사람들이 힐끗거리며 쳐다보겠지만 달리기 선수가 달리기 연습하는 것처럼 달리면 아무도 모를 것이라고 생각하고 마치 운동선수가 달리기 연습을 하듯, 씩씩하게 집으로 달려왔다. 저녁에 그 이야기를 듣고 가족들은 박장대소했다.

우리 부모님은 우리 오남매를 정말 사랑과 훈계로 교육을 시키셨다. 당시에는 부모가 자식에게 "이놈의 새끼"와 같은 말을 하는 것은 정말 욕에 속하지도 않았다. 주위의 다른 부모님들은 내가 표현하기도 어려운 아주 심한 욕들을 많이 했고, 심지어 자녀들을 나무라면서 손찌검을 하는 일도 다반사였다. 하지만 우리는 단 한 번도 부모님에게 손찌검을 당한 적도 없었고 그 흔한 "이 자식"이라는 나무람의 표현을 들은 기억도 없다. 그것은 우리가 잘해서가 아니라 부모님의 원만하신 인품과 그

분들의 끊임없는 인내와 사랑의 넉분이고 또 그분들이 받고 자라신 교육 덕분이다. 우리 오남매는 부모님의 사랑에 깊은 감사의 마음을 가지고 있으며 지금도 주위 사람들이 부러워할 정도로 우애 있게 살고 있다. 서로의 가정에 생기는 좋은 일, 궂은일에도 함께하고 서로 도와주며 매년 해외여행도 같이하여 주위의 부러움을 사기도 한다. 그 모든 것이 우리 부모님이 자식들을 정말 사랑과 기도로 키워주신 덕분으로 생각하며 늘 부모님께 감사드린다.

부모님께서는 우리 자녀들에게 정말 좋은 추억을 많이 만들어 주셨다. 그중 지금도 소중한 추억으로 기억되는 것은 여름 캠핑이다. 요즘에는 가족끼리 캠핑을 가는 것이 흔한 일이지만 1960년도에는 캠핑이란 단어 자체가 생소한 시기였다. 그런 시기에 우리 부모님은 온 가족을 데리고 삼천포로 캠핑을 가주셨다. 지금처럼 캠핑 시 필수 장비인 텐트, 버너, 코펠 등은 알지도 못했고 또 구하기도 쉽지 않았다. 버너 대신 장작을 잘게 쪼개서 불을 피웠고, 집에서 사용하던 솥과 냄비로 코펠을 대신했으며, 이불도 보따리에 싸서 가지고 갔으니 지금 생각해 보면 마치 우리가 신문이나 TV에서 보는 아프리카 난민들의 피난 모습이 아니었을까……. 그러나 우리에게는 잊지 못할 좋은 추억을 주셨다. 가끔 친구들에게 우리 가족이 1960년대에 캠핑 갔던 이야기를 들려주면 그들은 그 일을 무척이나 부러워한다.

우리는 오남매인데 그 당시에는 대부분의 가정에서 아이를 4~5명씩 낳았고 동생이 태어나면 큰 아이는 할머니가 돌보는 것이 일반적이었다. 동생이 태어나면서 나도 조모님이 주로 돌보아 주셨는데 조모님은 우리 가족에게 아주 특별한 분이시다. 무학이셨지만 독학으로 한글을 다 깨치셨으며 그 당시 성당에서 드리는 미사 구절을 거의 다 외우셨다. 신앙이 독실하셨고 남을 탓하거나 남의 흉을 보시는 것을 본 적이 없으며 우리 가족에게 믿음의 기초를 든든히 심어주신 믿음의 1세대시다. 우리 가족이 오대 째 믿음을 지키고 있는 것은 모두 조모님의 기도의 열매이며, 믿음의 조모님, 부모님을 주신 하나님께 다시 한 번 감사를 드린다. 우리 조모님은 하나님을 진심으로 사랑하는 신실한 신앙을 가지셨으며 주님만을 바라보는 순수한 믿음, 철저한 성수주일, 늘 기도하시고 거의 매일 새벽예배를 다니시던 경건함이 몸에 밴 분이시다. 나는 비록 장로로 택함을 받고 30여 년 그 직분을 다하려고 했지만 솔직히 조모님이 우리에게 보여 주신 신실한 믿음생활에 비하면 많이 부끄럽다. 나는 지금도 여전히 조모님이 우리에게 보여 주신 그 신실하셨던 신앙생활을 본받으려고 애쓴다.

나는 1960년도에 진주중학교에 입학했다. 진주중학교는 진주에서 가장 좋은 중학교였으며 그 학교에 입학했을 때 부모님도 매우 기뻐하셨다. 1학년 때는 야구부에 들어가 활동을 했는데 부친은 야구 방망이가 나보다 더 크다고 간간이 놀리시곤 했지만 내가 야구하는 것을 늘 격려해 주셨다. 야구를 하면 땅에 뒹구는 일이 많아서 야구복이 쉬이 더러워져서 자주 빨아야 하는데 모친은 집에 해야 할 다른 빨래도 많으므로 흙과 땀에 전 야구복을 가져오면 은근히 짜증을 내시기도 했다. 1960년대에 진주에서 야구부를 운영하는 중학교는 내가 다니던 진주중학교뿐이었다. 그래서 한 번도 시합을 할 기회가 없었다. 매주 연습만 하다 보니 재미가 없어서 야구부에서 1년을 보내고 2학년 때는 악대부로 옮겼다.

악대부에 들어가 트럼벳trumpet 같은 금관 악기를 하려고 했더니 내가 생각한 것보다 배우기가 어려워 비교적 배우기 쉬운 드럼drum을 쳤다. 진주에서 가장 큰 행사 중 하나는 "개천 예술제"다. 전 시민이 관심을 가지는 진주시의 축제 중 가장 큰 행사다. 지금은 진주 개천 예술제, 연등 행사 등으로 발전해 전국적인 규모로 커졌으며 외국에서도 많이 참석하는 예술제가 되었다.

개천 예술제가 시작되는 날에는 진주에 있는 거의 모든 중·고 학생들이 동원되어 시가행진을 한다. 당연히 악대부가 학생들의 시가행진의 선두에 서서 악기를 불며 간다. 나도 악대부라서 드럼을 치며 진주중학교 학생들과 시가행진을 했다. 그때는 내가 키가 좀 작은 편이라서 드럼이 나에게는 좀 컸던 것 같다. 그럼에도 불구하고 거의 두 시간 정도 드럼을 치며 시가행진을 했다. 나는 악대장의 지시를 보며 드럼을 허리에 차고 힘들게 치며 가다가 가까이에서 부친과 누나, 형의 모습을 발견했다. 부모 형제의 눈에는 다른 악대원은 눈에 들어오지 않고 오직 나만 보였는지 내 곁으로 다가와서 박수를 치며 옆에서 함께 걸어 주는 것이었다. 그때 얼마나 신이 나고 자랑스러웠던지 그 무겁던 드럼이 갑자기 가벼워지고 어깨에도 힘이 생겼다. 나는 손에 힘을 더 주면서 힘차게 드럼을 치며 무사히 행진을 마칠 수 있었다.

나는 1963년도에 진주고등학교에 입학했다. 지금도 그렇지만 진주고등학교는 진주 제일의 명문고였다. 진주중학교 출신이 진주고등학교에 입학하는 것은 당연한 일이지만 부친께서는 내가 아들 중 처음으로 진주고등학교에 입학한 것을 상당히 자랑스럽게 생각하셨던 것 같다. 그래서인지 나를 몰래 중국집으로 불러내셔서 그 당시로는 최고의 특식인 짜장면, 탕수육을 사주셨고 "벤허"라는 영화 티켓을 사주셨다.

최근 형제들 모임에서 그 일을 실토했더니 이구동성으로 "아니, 아버지가 너만 예뻐했나 보네."라고 말하며 "아버지가 살아 계셨으면 항의할 일이네."라고 하여 잠시 웃었다. 1960~70년대에 일반 가정집 애들에게는 외식이 그리 흔치 않았다. 당시 외식 중 최고는 단연 중국집에 가는 것이었다. 나는 대학을 가기 전까지 양식이나 일식을 먹은 기억이 없으니 부친께서 짜장면과 탕수육을 사주신 것은 그 당시 나에게 최고의 상을 주신 것이다. 거의 55년 전 일이지만 그때의 일이 아직도 생생하다.

진주고등학교에 입학한 대부분의 학생들은 엘리트elite 의식을 가졌고 나 또한 어느 대학을 진학할지에 대해 많은 생각을 했다. 진주고등학교에서 서울대학에 진학하는 학생은 대략 30~40명 정도였고, 그 다음이 연대, 고대였다. 나는 고등학교 때 그다지 공부를 열심히 하지 않은 것 같다. 졸업 후 첫 번째 대학 시험에 낙방을 했다. 재수를 하기로 결정하고 서울에 사시는 큰고모님 댁에서 하숙을 하면서 일 년간 학원을 다녔다. 나는 원래 성격이 많이 급한 편이었는데 서울의 고모님 댁에 하숙을 하면서 성격이 많이 변했다. 고모님 댁에서 지내면서 어른들의 눈치를 보아야 했고 따라서 참을성을 길러야 함을 조금씩 알아갔다. 서울에서 지내면서 나의 급한 성격이 많이 누그러졌고 가족들은 모두 서울 생활로 나의 성격이 많이 좋아졌다고 칭찬했다.

부모님은 대학교는 꼭 국립대학을 가라고 말씀해 주셨다. 요즘에는 대학 교수의 급여가 적다고 할 수 없지만 1960~70년대의 교수 급여 수준은 그리 여유 있지 않았다. 따라서 부모님이 오남매의 사립대학 등

록금을 김덩 해내실 형변이 아니었다. 나는 사립대학 진학을 포기하고 1966년도에 진주고등학교를 졸업한 후 1967년도에 국립대학인 부산 수산대학(현 부경대학교)에 들어갔다. 우리 가족 중 첫 번째로 외지로 나가는 경우였다. 내 위에 누나가 있는데 누나는 진주사범학교를 졸업하고 국민학교 교사로 봉직하고 있었으며 형은 꽃 키우기를 좋아해 진주 농고를 다닐 때부터 집안에 꽃을 많이 키웠다. 우리 집에는 형 덕분에 아름다운 꽃이 많았다. 형은 부친이 봉직하고 계시던 진주농대로 진학 했다.

모친은 누구보다도 생활력이 강한 분이셨다. 부친이 주시는 생활비로 온 가족이 먹고 살기에 넉넉하지 않았지만 그렇다고 부족해 생활이 힘든 정도는 아니었다. 모친은 부업으로 집에 닭을 20~30마리 키우셨다. 집에서 키우는 닭이 낳은 계란으로 도시락 반찬을 해주셨고 또 생일에는 지금의 삼계탕 같은 요리도 해주셨다. 지금처럼 풍족하지 않던 시절이라 두 마리 정도의 닭으로 음식을 만드니 항상 고기가 부족하다고 느끼곤 했다. 나는 종종 내 몫에 고기가 좀 더 많이 들어왔으면 좋겠다는 생각을 했었다. 이 같은 시절에 감사하게도 아주 가끔은 모친이 한 사람당 닭고기를 한 마리씩 통째로 주시기도 했다. 지금 생각해 보니 그때도 조류독감AI이 있었으며 요즘에는 예방접종을 하지만 1960년대에는 국가적으로 예방접종을 하는 경우는 없었고 조류독감으로 닭이 죽을 수 있으므로 부친이 그 소식을 미리 아시고 조류독감으로 닭을 모두 잃기 전에 가족들에게 맛있게 먹이는 기회를 주신 것이 아닐까……

지금은 우리가 보리밥을 웰빙 음식으로 먹지만 1960~70년대에는 쌀이 부족해서 꼭 보리쌀을 섞어 먹었다. 보리밥은 먹기가 좀 깔끄러워 어릴 적에는 보리밥을 아주 싫어했다. 우리 집은 쌀 70퍼센트, 보리 30퍼센트 정도로 섞어 먹었다. 하지만 실제 식사 때 보면, 부친과 조모님의 밥에는 쌀이 90퍼센트 정도 들어가 있고, 또 그때는 모두 도시락을 싸가지고 다니던 시절이라 부친이 학교에서 다른 교수님들과 함께 식사를 하시므로 도시락을 당연히 100퍼센트 쌀밥으로 싸니 자연히 쌀이 좀 부족했다. 그래서 우리가 먹는 밥에는 보리가 반 이상 들어가 있었고 모친의 밥은 거의 보리쌀이었던 것으로 기억된다. 모친이 그때 건강에 좋은 보리밥을 많이 드셔서 그런지 몰라도 아흔이 넘으신 연세에도 불구하고 여전히 건강하신 편이다.

부모님은 참으로 자상하시고 배려가 깊은 분들이시다. 아직 철이 덜 들었던 초·중학교 시절에는 부모님의 사랑은 알면서도 부모님이 가족을 위해 얼마나 수고를 하시는지는 잘 몰랐다. 그러나 고등학교 때부터는 부모님이 가족을 위해 얼마나 애쓰고 계시는지를 조금씩 알게 되었다. 지금은 거의 모든 가정에 세탁기가 있지만 1960년대에는 세탁기를 갖고 있는 가정이 정말 극소수였다. 난방도 연탄을 피워 해결하던 시절이었다. 연탄은 지속 시간이 한정되어 있으므로 꺼지기 전에 갈아야 한다. 모친은 집의 난방을 위해 새벽 두세 시에도 마다하지 않으시고 연탄불을 가시느라고 제대로 잠도 못 주무셨다. 나의 마음을 더욱 아프게 한 것은 수많은 빨랫감이었다. 옷이나 이불 등 빨랫감이 정말 많았는데 모친은 그 모든 세탁물을 혼자서 다 감당하셨다. 그 많은 빨랫감을 머리에 이고 남강으로 가셔서 빨래를 하곤 하셨는데 여름에는 물이 따뜻하니 그나마 나은 편이었다. 그러나 추운 겨울에는 사정이 달랐다. 그 찬 강물에 손을 담그셔서 온 가족의 빨래를 손수 다 해주셨다. 그 차

가온 물에 그 많은 빨래를 하신 모친의 수고를 생각하면 지금도 눈물이 난다. 그 시절 많은 빨랫감을 머리에 이고 다니시던 모친의 모습이 눈에 선하다. "부모님의 사랑은 정말 바다보다 더 깊고 하늘과 같이 높다."는 옛 표현이 맞는 것 같다. 요즘도 가끔 모친께 "추운 겨울에 찬물에 빨래하시고 한밤중에 연탄불 가시느라 밤잠도 제대로 못 주무시면서 우리들 키우시느라고 수고가 많으셨어요."라고 위로해 드리면, 모친은 자신이 고생한 것에 대해서는 한 말씀도 표현하지 않으시고 정말 놀랍게도 한결 같은 대답을 주신다. "그때는 거의 모든 가정이 다 그랬어."라고……. 모친의 그 사랑에 넘치는 말씀이 나를 더 눈물 나게 만든다.

우리가 살던 진주 집(진주시 망경북동 109번지)은 부친께서 진주농대로 부임하실 때 학교 관사였는데 몇 년 후 9만 원을 주고 구입하셨던 것으로 알고 있다. 그 집은 마당이 꽤 넓어서 오남매가 뛰어 놀기에 부족하지 않았다. 중간에 있는 큰방은 부모님과 동생들이 지냈고, 그 옆의 좀 넓은 방은 조모님과 누나가 함께 사용했으며, 부엌방이라는 작은 방은 주로 형과 내가 지냈다. 그 당시에는 난방 시설이 아주 열악했다. 물론 불을 때니까 아랫목은 그런대로 따뜻했지만 불이 잘 안 들어오는 윗목은 방안에 있는 물이 얼 정도였다. 부친께서는 바람이 방으로 들어오는 것을 막기 위해 문에 담요를 쳐 주셨는데 담요가 바람을 막아주니 방은 따뜻했지만 빛이 차단되어 가끔은 날이 새는 것도 모르고 온 가족이 늦잠을 자기도 했다. 모친이 늦었다고 하시며 밥을 하러 부엌으로 바삐 나가시던 기억이 난다. 추운 겨울에는 방안에 있는 물이 얼 정도니 모친이 일하시는 부엌은 더 추웠다. 물론 벽과 문도 있는 건물이지만 난방이 거의 되지 않아서 추운 겨울에는 물을 담아 놓은 물독의 물이 종종 얼었으며 그때마다 모친이 언 물을 깨서 가족들의 아침 식사를 준비하셨다. 그때 나는 그 모습이 너무나 안타까워서 나중에 내가 어른이 되어 돈을 벌게 되면, 무엇보다 먼저 부모님께 좋은 집을 사드려서 모친이 얼음을 깨서 식사를 준비하시는 수고를 덜어드려야겠다고 마음먹었다.

하나님은 나의 소박한 기도를 기억하셨고 정말로 그 기도를 들어주셨다. 내가 해군에서 제대하고 원양어선을 타면서 2년간 받은 급여로 250만 원 정도를 저축해 부모님께 집을 사드렸다. 그 기쁨은 천하를 얻은 것과 같았다. 모친이 더 이상 언 차가운 물에 손을 담그지 않으셔도 된다는 사실이 정말 기뻤다. 부친께서는 아들이 괜찮은 집을 장만해 줌에 마음 뿌듯해 하셨고, 모친은 별말씀이 없으셨지만 표정으로 새집을 갖게 되어 기뻐하시는 듯했다. 나는 무엇보다 어릴 적 주방 시설이 참 부실함에도 불구하고 모친이 가족들의 식사를 준비하시며 애쓰셨던 그 시절을 생각하면서 부모님의 은혜에 만 분의 일도 보답하지 못함을 늘 죄송하게 생각한다.

# 부산에서의 대학 시절

　내가 부산수산대학을 선택하게 된 중요한 이유 중 하나는 어려서부터 해외로 나가고 싶은 꿈을 가지고 있었다. 특히 내가 중·고 시절에 우리나라 최초로 세계 일주를 하시고 국민들에게 도전을 주신 김찬삼 교수의 세계 일주 이야기가 나에게 그런 꿈과 비전을 키우게 했다. 지금은 해외여행을 갈 때 당연히 비행기를 타고 가지만 1960년대에는 어린 나에게 비행기로 해외여행을 떠나는 것은 엄두도 못 낼 일이었다. 그래서 내 소견에 해외로 나가려면 배를 타면 된다고 생각했고 배를 탈 수 있는 학교를 고르다 보니 부산수산대학 어로학과를 지망하게 되었다. 수산대학은 해군 학군단N-ROTC 제도가 있는 학교로, 4년간 군사 훈련을 받아야 했다. 군사 훈련이 힘들긴 했지만 젊은 시절이라 능히 감당할 수 있었다. 집을 떠나서 하숙생활을 하고 새로운 학문도 배우고 앞으로 배를 타고 외국으로 나간다는 꿈에 부푼 시절이었다. 그래서인지 대학생활은 참 즐거웠다.

나는 고등학교 다닐 때 영어를 잘 하는 편이 아니었다. 영어 시험에 80점 이상 받은 기억이 별로 없다. 그러나 졸업 후 외국을 다니려면 영어가 필수라는 생각이 들어서 영어를 공부하기 시작했다. 당시 나는 "리더스 다이제스트Reader's Digest"로 공부를 했으며 가끔은 "타임즈Times"지나 "뉴스위크News Week"를 구독했는데 내 실력으로 "타임즈"나 "뉴스위크"는 좀 어려웠다. 그래서 "리더스 다이제스트"를 주로 읽었는데 실은 매달 "리더스 다이제스트"를 구매함이 적지 않은 부담이었다. 그러던 차에 당시 어로학과 대표로 있던 신재완 선배가 6개월 뒤에 영어 시험을 본 후 성적이 우수한 학생에게는 일 년간 "리더스 다이제스트"를 무료로 준다고 하는 뜻밖의 공고를 냈다. 나는 호주머니 사정이 넉넉하지 않아서 매달 책 구입이 큰 부담이었는데 일 년간 무료로 책을 준다니 내게는 희소식이었다. 그렇지 않아도 영어를 좀 더 열심히 하려는 계획을 가지고 있었는데 공짜로 책을 준다니 열심히 할 수밖에 없었다.

6개월 뒤 30여 명의 어로학과 학생들이 영어 시험을 치렀다. 내게는 시험 문제가 좀 어려웠다(실력이 시원치 않아서긴 하지만). 과연 내가 그 대상이 될 수 있을까 의심이 들었다. 시험이 끝나고 며칠 후 신재완 선배가 나를 부르더니 내가 1등을 했다고 알려주었다. 나는 너무 놀랐다. 내 평생에 시험에서 1등을 한 건 그때가 처음이었다. 그것도 평소에 잘 하지도 않던 과목인 영어 시험에서 말이다. 그 자신감으로 그때부터 영어 공부를 꾸준히 했으며 지금도 매일 영어책을 손에서 놓지 않고 있다. 지금도 영어를 읽고 말하는 데 큰 불편이 없음은 대학 다닐 때 어로학과 영어 시험에서 좋은 성적을 낸 것이 시발점이 된 것 같다. 내가 지금 하고 있는 무역업에는 영어가 필수며 현재도 매년 10여 차례 해외 출장이 있으므로 영어와는 뗄 수 없는 관계가 지속되고 있다.

3학년 때는 미국의 선교 단체가 운영하는 월드 워크 캠프World Work Camp에 참가할 기회를 가졌는데 부산의 대학생으로는 유일했다. 대부분의 참가자는 미국, 영국, 일본, 홍콩, 말레이시아, 대만 등 그 당시에 우리나라보다 선진국 학생들이 대부분이었고 우리나라에서는 서울대, 성심여대에서 몇 명이 참석했다.

내가 대학을 다니던 1960년대 말에는 우리나라 경제가 지금과는 비교가 안 되는 시기라 기업들도 그리 많지 않아서 대학 졸업 후 안정적인 직장을 구하기가 정말 힘들었다. 그러나 1970~80년대는 한국의 원양어업이 막 시작되던 시기라 훈련된 고급 인력(항해사 등)이 절대 부족하여 내가 다니던 수산대학 어로학과 출신들은 졸업과 동시에 배 타고 해외로 나갈 기회가 많아서 직장 문제는 전혀 걱정이 없었다. 오히려 어느 배를 타야 할지 고민 아닌 고민을 해야 할 정도라서 직장에 대한 스트레스가 전혀 없었으니 행운아라고 해야 할까? 4년간의 교육을 마치는 마지막 코스는 3개월간의 원양어업 실습이었다. "백경호"라는 약 350톤급의 실습선을 타고 일본, 대만, 말레이시아, 싱가포르를 경유하는 선상 실습이었다. 지금은 초등학교 학생들, 아니 유치원생들도 외국을 쉽게 가지만 1960년대 말에 외국을 나간다는 것은 정말 선택된 사람에게나 기회가 주어지는 아주 쉽지 않은 일이었다. 원양 실습이 힘들긴 했지만 난생 처음 해외여행의 기회를 가졌으며 그때의 즐거운 추억이 아직도 생생하게 남아 있다.

부산을 출발한 "백경호"는 대한해협을 지나 일본 시모노세키 항구를 경유해 출항 4일 뒤 일본 동경항 하루미 부두에 도착했다. 우리는 세상에 태어나서 처음으로 나가는 외국 방문길이라서 마음이 붕 떠있는 상태였다. 지금은 우리나라 경제가 많이 발전해 세계 일류 국가가 되었고 삶의 질이 높아져 일본과 비교해도 별로 차이가 없지만 1960년대는 우리와 일본은 비교가 안 될 정도로 격차가 있었다. 일본은 1968년, 아시아 국가로는 처음으로 올림픽을 개최할 정도로 국력이 강했다. 우리나라는 일본보다는 20년이 지난 1988년에야 올림픽을 개최했으니 우리나라와 일본의 경제력은 20년 정도의 차이가 있었다. 우리가 일본을 방문한 시기는 일본의 국력이 점점 강해져서 일본의 국내총생산GDP 규모가 미국에 이어서 세계 2위에 속하던 때였다. 그 당시 많은 저명한 경제학자들은 1980년대가 되면 일본의 경제 규모가 미국을 앞지를 수 있다는 전망도 나오던 시기였다. 하루미 부두에 도착하니 두 사람이 나를 기다리고 있었다.

한 사람은 내가 가장 좋아하는 부친이셨다. 부친께서는 1969~70년 당시 유엔의 콜롬보 플랜Colombo Plan의 일환으로 교환 교수 자격으로 일본 동경에 있는 동경농업대학에서 박사학위 과정을 이수하고 계셨다. 아들이 일본에 온다 하니 배가 도착하기 몇 시간 전에 미리 부두에서 나를 기다리고 계셨던 것이다. 또 한 사람은 일본 여대생이었다. 그녀는 미즈카미 나루미Mizukami Narumi라는 일본 여자 대학생이었다. 나루미는 내가 월드 워크 캠프World Work Camp에 한국 대표로 참석했을 때 일본 대표로 참석한 구마모토Kumamoto대학의 학생이었다. 나루미와는 월드 워크 캠프 후 친구로서 교신을 해왔으며 그 후에도 수 년간 좋은 친구로 연락을 했다. 동기생들은 모두 부친이 나를 기다리고 계시고 또

예쁜 일본 여사 내학생이 기다리고 있는 것을 보고 무척 부러워했다. 부친께서는 나를 데리고 동경 주변의 명소를 여러 곳 구경시켜 주시고 또 맛있는 일본 음식도 사주셨는데 그때 돈가스를 처음 먹어봤다. 그 당시 우리 수준에 일본은 정말 부러운 곳이었다. 교통질서, 청결, 질서의식, 예의, 도심의 편리성 등 우리나라와는 비교가 안 될 정도로 앞선 선진국임을 알게 되었다. 4일 정도 일본에 머물며 부친의 사랑을 듬뿍 받았다.

일본을 떠난 "백경호"는 대만, 싱가포르, 말레이시아의 페낭Penang 등 세 나라를 방문했다. 그리고 원양 실습으로 튜나 롱 라인Tuna Long Line 조업을 실습했는데 이때 참치 연승 조업이 결코 쉽지 않은 일임을 알게 되었다. 나는 비교적 뱃멀미가 심한 편이라서 실습 기간 동안 고생을 좀 많이 했다.

앞에서 말했듯, 수산대학 어로학과에는 해군 학군단N-ROTC 제도가 있고 4년간 훈련을 받으면 해군 예비역 장교로 임관된다. 나도 수산대학을 다니며 4년간 해군 학군단N-ROTC 교육을 받았다. 어로학과 50여 명의 동기생 중 33명이 함께 훈련을 받았다. 그 제도는 소위 임관과 동시에 대부분 예비역으로 명을 받고 일부는 현역 복무를 하도록 되어 있다. 나는 운이 좋아서인지 동기생들의 대대장 후보생(사실 나는 1학년 때부터 그 직책을 원했지만)이 되어 67학번을 대표하는 후보생이 되었고, 67학번의 대대장 후보생으로 선발된 것을 지금도 무척 자랑스럽게 생각한다. 수산대학 ROTC 기록을 보고 역대 대대장 후보생은 모두 현역으로 차출되었음을 알게 되었다. 임관식에는 수산대학 학장님과 해군사관학교 교장(해군 소장)이 사열을 하셨고 내가 학생 대표로 지프에 함께 타고 제병 지휘할 영예를 가졌다.

수산대학을 다니면서 나는 참 좋은 동기생들을 많이 만났다. 친구들 이름을 일일이 다 열거하기는 힘들지만 지금도 가까이 지내는 친구들이 많다. 한성기업 아르헨티나 지사장과 현지 수산회사ARPEPA 사장을 역임한 황순종 동문, 부산시 의원 부의장을 역임한 홍성률 동문, 동기로서는 처음으로 공인회계사CPA를 한 이장춘 동문, 한국통상 이란 지점장을 지낸 여문돈 동문, 한국 원양어업협회 전무를 지낸 김민곤 동문 등 50여 년을 한결 같은 우의를 나누는 좋은 동기들이 많아 행복하다. 하나님께서 주위에 좋은 친구를 허락해 주셨으며 동기생들과의 만남은 항상 우리를 옛날의 젊은 시절로 돌아가게 한다. 노인들은 추억에 산다는 말이 맞는 것 같다.

나에게는 꿈 많던 대학 시절에 얽힌 추억들이 많다. 나는 대학 시절에 술을 거의 마시지 않았지만 대부분의 수산대학 학생들은 술을 많이 마시는 편이었다. 그래서 수산대학을 농담으로 "술산대학"이라고 하기도 했다. 신입생 환영회 때는 술을 많이 마시게 한 다음 3월의 찬 바닷물에 집어넣는 좀 색다른 의식을 행했으며 나도 입학식 때 그 일을 경험했다. 그런대로 의미는 있다고 보지만 내가 4학년이 되어서는 좀 더 의미 있는 신고식을 하는 것이 바람직하다는 생각이 들어 교수님을 모시고 전 학년 학생들이 함께 모여 하는 환영 파티로 바꾸었는데 평이 좋았다.

# 대한민국 해군 장교

　나는 해군에서 2년을 복무해야 하므로 졸업과 동시에 사회로 진출하는 동기생들보다 사회 진출이 2년 정도 늦는 불리한 점이 있다. 하지만 해군에서 2년간 복무한 것이 내 일생에 큰 도움이 되었으며 현역으로 복무한 것을 감사하고 또 자랑스럽게 생각한다.

　처음 1년은 군함을 타고 동해, 서해, 남해의 해상 경비를 했다. 소위로 임관해 1002함 갑판사관으로 임명을 받았다. 갑판사관은 배의 전반적인 청결과 수병의 기강을 책임지는 부서다. 막상 소위 계급을 달고 승선을 했으나 무엇부터 해야 할지 몰랐다. 내 휘하에 상사 1명, 중사 2명, 하사 5명, 그리고 10명이 넘는 수병들(해군에서 사병을 수병이라 했음) 등 갑자기 20여 명의 부하가 생긴 것이다. 함정에 배치를 받고 출근을 했는데 나는 무엇을 지시해야 할지 정말 몰랐다. 그래서 내 소개를 간단히 하고 그 당시 갑판장이던 상사에게 업무지시를 하라고 명하고 어떻게 하는지 잠시 듣고 배웠는데 지금 생각하면 미안하고 부끄러운 생각이 든다.

당시는 간첩선의 출몰이 많아서 간첩선 색출에 노력했으며 "우리 바다는 내가 지킨다."는 사명감으로 경계 임무를 수행했다. 남북 간에 긴장이 아주 심각했던 때라 경계 임무를 잠시도 소홀히 해서는 안 되었으며 24시간을 교대로 불침번을 서야 했다.

기억에 남는 몇 가지 일들이 있다. 서해의 가장 북단에서 경계 임무를 수행할 때다. 북한의 육상 초소에서도 우리를 계속 지켜보고 있고 우리 또한 북한 측에 이상한 행동은 없는지 경계를 늦출 수 없었다. 북한의 육상 서치라이트와 우리 함선에서 나가는 서치라이트가 항상 교대를 하면서 신경전을 벌였다. 또 눈보라가 휘몰아치는 겨울에도 브리지(함교)에서 추위에 떨면서도 경계 임무에 최선을 다하려고 노력했다. 1971년도 여름에 큰 태풍이 동해로 올라왔는데 그때 파도가 너무 높아서 동해안에 있는 모든 선박들이 다 피항을 했으나 내가 승선한 1002함은 큰 파도 속에서 꼬박 이틀간을 버티었다. 파도가 너무 높아서 식사 준비를 할 수 없었으므로 함정에 있는 비상식량을 먹으며 이틀간을 지냈다.

진해에서 해군생활을 할 때다. 나는 평소 술을 마시지 않으므로 술에 취해 본 적이 없었다. 그런데 그 기록이 초임 장교 시절에 깨졌다. 소위로 임관해서 1002함(순천함)에 배속을 받아 가보니 열두 명의 장교가 있었다. 내 환영회가 열린다고 해서 식당으로 갔다. 함장은 최재경 중령, 부함장은 조강제 소령 등 모두 고참 장교들이었다. 내가 가장 신참이라고 모든 선임 장교가 축하주를 건네는데 거절할 자리도 아니고 또 거절할 수도 없어서 주는 대로 다 받아 마셨다. 그때 술은 정종이었는데 나는 생전 처음 정종을 마셔봤다. 선임 장교가 열한 명이었으니 큰 컵으로 최소한 열한 잔은 마셨을 것이다. 문제는 그 후였다. 나는 당시 특별히 숙소를 구하지 않고 함정에서 생활을 하고 있었다. 회시을 끝내고 숙소인 함정으로 돌아가려면 통제부 입구를 통과해야 한다. 당시에는 통제부 입구에 대위급이 당직사관으로 근무했다. 함정으로 가려고 걸어가는데 이상하게도 땅이 흔들렸다. 땅이 왔다 갔다 하는 것이 아닌가! 처음 경험하는 일이라 나는 내가 취해서 비틀거리고 있음을 전혀 몰랐다. 그러나 통제부 입구에는 나보다 높은 당직사관이 있을 것이고 경례를 하고 통과를 해야 하므로 나는 기합을 넣어 경례를 하며 입구를 지나가고 있는데 당직사관이 그 사실을 금방 알아차렸다. 모자에 금테가 아직 반짝 반짝하니 신임 소위임을 아시고 "오, 소위님, 취하셨구먼!" 하고 말했다. 그제야 나는 길이 왔다 갔다 하는 것이 아니라 내가 취해서 비틀거리고 있음을 알게 되었다. 내가 술 먹고 취해 비틀거린 부끄러운 일은 초임 해군 장교 시절의 그 일이 내 인생의 처음이자 마지막 경험이다.

공창(함정 수리를 담당하는 부서)에서의 일이다. 함정이 경계 임무를 하기 위해서는 출항 전에 함정을 점검하고 수리할 부분은 공창을 통해 수리를 받게 되는데 공창 입장에서는 일이 많아지니까 가능하면 함정 자체 수리로 넘기고 공창이 하는 일을 좀 줄이려고 하는 경향이 있었다. 나는 1002함 갑판사관이라 함정 보수는 내가 담당을 했다. 함정의 수리할 목록을 작성한 후 공창 책임자와 만나서 이야기를 하게 되었는데 당시 책임자는 대위로 나보다 계급이 높았다. 내 직급이 담당 대위보다 좀 낮다 보니 그가 우리의 요청을 묵살하는 태도로 나오는 것이었다. 나는 나대로 밀리지 않으려고 애를 썼다. 요즘 말로 하면 공창은 갑의 입장이요, 함정은 을의 입장이었다. 대부분 공창 측의 의견으로 가곤 하는데 을인 내가 밀리지 않고 계속 수리를 요구했더니 담당 대위가 신참 소위인 나에게 "자네, 몇 기냐?"고 물었다. 나는 처음에는 무슨 뜻인지 이해를 못해 되물었다. 아마 그 대위는 내가 해군사관학교를 바로 졸업해서 군인 정신이 투철해 보여 기특한 마음에 칭찬할 뜻으로 물은 것 같았다. 내가 해군사관학교 출신이 아니고 학군단ROTC 출신이라고 대답했더니 그는 나에게 "소위는 2년만 근무하면 되는 사람이 뭐 그리 철저하게 하냐?"고 칭찬 아닌 칭찬을 했다. 그리고 함장님이 공창에 요청한 수리를 모두 해주었다.

나는 1002함에서 갑판사관으로 1년간의 복무를 무사히 마치고 해군 본부로부터 부산수산대학 학군단 교관으로 명을 받았다. 나머지 1년은 모교인 부산수산대학 학군단ROTC에서 동문인 김태원 중위와 함께 교관으로 근무했다. 학군단 근무는 해상 근무와 아주 달랐다. 시간적인 여유도 있었고 미래를 준비할 시간도 있었다. 그리고 선배 교수님들과 많은 교제를 가질 수 있어서 참 유익했다. 제대를 앞둔 시기에 선배이신 고관서 교수께서 나를 좋게 보셨는지 조교 자리를 마련해 줄 테니 조교로 오라고 제안을 하셨다. 오늘날에는 조교 자리가 정말 힘든 자리고 아무나 못 가는 어려운 자리라고 보지만 당시에는 주임 교수가 결정하면 조교로 들어갈 수 있는 시절이었다. 조교로 들어가면 부친처럼 교육자의 길을 갈 수도 있다. 나는 나의 장래에 대해 부친과 상의를 하고 모친과도 몇 차례 상의를 했는데 부모님께서는 교육자의 길이 보람되긴 하지만 가정생활을 꾸리기에는 힘이 든다며 아들이 교육계로 나가는 것을 그리 흡족해 하지 않으셨다. 만약 내가 교육계로 들어갔다면 지금은 은퇴 교수로 있을 것이며, 내가 걸어온 길과 사뭇 다른 인생을 살았을지도 모른다.

나는 해군 중위로 제대를 하자마자 바로 북태평양에서 명태를 잡는 원양선인 "개양호"라는 트롤선trawler에 승선했다.

# 북양 트롤선(trawler) 승선 시기

　당시 내가 승선했던 "개양호"는 3천 톤급으로 선원이 130명이었다. 한국에서는 톱 5위 안에 들어가는 최신형 시설을 갖춘 좋은 배였다. 첫 보직은 3등 항해사였다. 배에서는 선장이 최고의 직책으로 배를 통솔하는 총 책임자며, 그 다음이 1등 항해사, 2등 항해사, 3등 항해사로 조직되어 있다. 수산대학을 졸업한 후 국가가 시행하는 해기사 면허 시험을 치르고 합격해야 항해사 자격이 주어진다. 그것은 의과대학 졸업생이 의사 면허를 취득하는 것이나 항공대학 졸업생이 조종사 면허를 취득하는 것과 같은 일이다. 해군에서 2년 복무를 한 뒤라 선상생활에 큰 어려움은 없었다. 3천 톤급 대형선의 경우 수산대학을 졸업한 후 1년 반 정도 3등 항해사로 근무를 하면 2등 항해사로 승진되고, 2등 항해사로 2년 정도 근무를 하면 1등 항해사로 승진하는 것이 일반적이다.

　내가 3등 항해사로 승선을 해보니 3년 선배가 2등 항해사로, 4년 선배가 1등 항해사로 근무를 하고 있었다. 북태평양은 겨울에 바다가 많이 거칠고 파도가 심했다. 그러나 그때만 해도 200마일이 선포되기 전이라 자유롭게 조업을 하며 매일 200여 톤의 명태를 어획해 냉동하며 20여 일 조업만으로도 만선이 되곤 했다. 만선이 되면 "칠보산"이라는 운반선에게 물건을 넘겨주고 또 어장으로 향했다. 모든 배는 24시간 근무제로 운영을 했다. 배 안에서의 일을 잘 모르는 사람들은 선장이 직접 배를 운전하는 것으로 알고 있지만 사실은 그렇지 않다(내가 이야기하는 것은 수십 명 이상이 타는 큰 배 기준임). 물론 선장은 배의 책임자기에 24시간 관리·감독하고 지시를 하지만 큰 배의 운항은 항해사 세 명이 2교대로 네 시간씩 근무를 한다. 1등 항해사는 04~08시, 16~20시, 2등 항해사는 00~04시, 12~16시, 3등 항해사는 08~12시, 20~24시다.

첫 해는 고기가 너무 많이 잡혀서 반나절 조업으로 하루 처리량을 다 잡는 경우도 많았으며 부산을 떠나서 6개월간 바다에 떠있던 경험도 했다. 부모님께서는 내가 바다에 나가 있을 때 무척이나 염려를 하셨다. 바람이 불고 비가 오는 날에는 아들의 안전을 위해 더 기도를 많이 하셨다고 하니 참 고맙고 감사한 일이다. 나는 선상생활에서 전혀 기대치 않은 운이 따른 사람이다.

앞에서 잠시 언급했지만 대형 트롤선에서 3등 항해사가 2등 항해사로 진급하는 데는 대략 1년 반이 걸리는데 나는 운이 좋은 건지 승선 6개월 후 상급자인 2등 항해사가 다른 배로 간다며 도중에 하선을 했다(배를 떠났다). 회사에서는 북태평양에 떠있는 배에 인원을 보충할 방법이 없다 보니 6개월밖에 안 된 나를 2등 항해사로 발령을 냈다. 전례가 없는 파격적인 승진이었으며 기분이 참 좋았다. 그런데 회사에서 너무 빨리 승진을 했으므로 급여를 6개월 정도는 3등 항해사 급여로 지급한 나는 동시를 해왔다. 소금 섭섭하기는 했지만 동기생 중에서 가장 먼저 2등 항해사로 승진한 것으로 만족할 수밖에 없었다. 당시(1973년도) 3등 항해사의 급여는 9만 원이었고 2등 항해사는 16만 원이었다.

갑작스러운 승진 후 약 3개월 후에 또다시 이변이 일어났다. 3등 항해사에서 6개월 만에 2등 항해사로 승진한 지 채 3개월도 지나지 않았는데 선임으로 있던 1등 항해사가 다른 회사의 선장으로 간다며 하선을 한 것이다. 그 일도 조업 중인 북태평양의 현장에서 일어났으니 회사로서는 먼 북태평양으로 갑자기 충원도 하기 어려운 상황이고 배는 법적인 직책을 채우지 않으면 운항을 할 수 없었으므로 부득이 2등 항해사인 나를 1등 항해사로 발령을 냈다. 그 방법 외에는 달리 대안이 없었으므로 승선 9개월밖에 안 된 나를 1등 항해사로 명했다. 이 일은 전례가 없는 파격적인 인사요, 초고속 승진이었다.

이는 내가 남보다 특출한 능력이 있어서가 아니라 세상 말로 표현을 한다면 운이 아주 좋아서였다. 개인적으로 나는 이 일이 하나님께서 부모님의 기도를 들어주신 것이라 본다. 회사에서는 나를 9개월 만에 전격적인 승진 발령을 내면서 급여를 어떻게 할지 적지 않은 고민이 있었던 것 같다. 2등 항해사 승진이 너무 빨라서 6개월 유예를 하기로 했는데 이제 1등 항해사가 되었으니 계속 3등 항해사 급여를 줄 수는 없던 모양이다. 1등 항해사 발령과 함께 2등 항해사 급여를 받기 시작했다. 그리고 6개월 후부터 1등 항해사의 급여인 22만 원을 받은 것 같다 (당시 대학 교수의 급여가 7만 원 정도로 기억됨).

그러나 선박생활에서 좋은 일만 있었던 것은 아니었다. 아주 심각한 (내 자리를 걸고 결정할 정도) 일도 있었다. 내가 1등 항해사로 6개월 정도 지난 시기였다. 1등 항해사의 업무 중 한 가지는 선박에 공급되는 모든 물품의 선적을 담당하는 것이다. 그중에 식품 비중도 참 큰 부분을 차지했다. 130명의 선원이 있었고 하루에 네 끼의 식사를 하므로 회사에서는 쌀과 기타 부식을 인원과 날짜에 맞추어 공급을 한다. 그러나 날씨가 나빠서 식사를 하지 못하는 경우도 있고 휴가를 가는 선원들도 있어서 대부분 주요 부식은 여유가 있었다. 그래서 쌀은 항상 좀 여유가 있는 편이었으므로 나는 식량을 공급받을 때 공급업자에게 쌀은 충분하니 쌀은 줄이고 선원들이 좋아하는 육류나 과일로 선적하라고 지시했다. 이것이 부정이나 불법은 아니었다.

한번은 쌀이 200가마니 정도가 남아 있어서 추가로 어떤 식품류를 공급받을까를 생각하고 있는데 선장님이 나를 부르셨다. 식량 공급과 관련해 재고를 묻기에 쌀 재고가 200가마니 정도 있다고 보고를 하자 "1등 항해사, 지금 쌀이 200가마니 정도 여유가 있으니 쌀 200가마니에 해당하는 것은 현금으로 마련하라."고 지시하시는 것이었다.

나는 정말 난감했다. 그것은 분명한 불법이고 해서는 안 되는 일이었다. 선장님은 별식을 좋아하셨으므로 나는 신경을 써서 예산 범위 내에서 원하시는 식품들을 별도로 장만해 드려 왔는데 이번의 지시 사항은 옳은 길이 아니라 나는 무척 당황해 혹시 더 필요한 식품이 있으시면 말씀해 달라고 재차 물었다. 하지만 선장님의 입장은 단호했다. 200가마니의 쌀의 가치는 당시 보통의 집을 한 채 구입할 수 있는 액수였다. 선박에서의 명령 체계는 군대와 거의 비슷하다. 선장의 명령은 거의 절대적이며 거부하기 어렵다. 그러나 나는 부정한 일을 할 수 없었다. 그때 나는 부친이라면 이런 경우에 어떻게 하셨을까 하고 생각해 봤다. 그날님, 나는 거의 잠을 이루지 못하고 어떻게 할지 고민했다. 나음날 선상님을 찾아가서 명령하신 일은 정도가 아니니 다시 한 번 재고해 달라고 한 시간 이상 설득 아닌 설득을 했다. 그러나 당시 선장님의 결심이 너무 확고해 더 이상 이야기할 수 없는 상황임을 인지했다.

회사에 그 사실을 알리자니 마치 상관을 고자질하는 것 같았고 그렇다고 해서 선장의 부당한 명령을 따를 수는 없기에 내가 그 상황에서 할 수 있는 선택은 정해진 셈이었다. 나는 어쩔 수 없이 하선(내가 사임하는 일)하는 길을 택했다. 선박은 부산에서 출항 준비를 하는 중이었지만 회사에 들어가 당시 상관으로 계셨던 이수일 부장님께 하선하겠다고 말씀을 드렸다. 이 부장님께서는 나를 아껴주는 분이셨는데 내가 갑자기 하선을 하겠다고 하니 의아해 하시면서 무슨 일이 있는지 물으셨지만 나는 개인 사정이라고 답하고 집으로 돌아왔다. 다음날 이수일 부장님이 연락하셔서 "1등 항해사, 내가 사고 보고를 다 받았어. 내용을 다 파악했으니 빨리 다시 귀임해 출항 준비를 하라!"고 말씀하셨다. 선장님은 그 일로 결국 하선을 하셨지만 출항 전 잠시 선장님을 뵐 기회가 있었다. 나는 선장님을 끝까지 설득하지 못했음을 사과했고 선장님은 자신이 부당한 지시를 내리셨다고 나에게 사과를 하셨다. 나는 회사에서 선배를 고발하지 않음에 오히려 칭찬을 받았으며, 그렇게 쌀 사건은 종료되고 나는 계속 승선을 했다.

앞에서도 잠시 이야기했지만 나는 진주에서 부모님과 함께 살 때 당시 우리 집 주방 시설이 좋지 않았는데(사실 다른 집들도 거의 비슷한 수준이었음), 특히 모친이 새벽부터 난방도 제대로 안 되는 부엌에서 일하시는 모습이 눈에 밟혀서 돈을 벌면 우선 부모님께 제대로 된 집을 사드리겠다는 마음을 먹고 있었고 그 약속을 지켰다. 내가 원양어선에서 근무를 하면서 받는 급여 전액을 부친께 보내드렸고 부친은 그 돈을 잘 관리하셔서 제대로 된 집을 구매할 수 있었는데 지금 생각해도 참 잘한 일이라고 자부심을 느낀다. 지금은 은행으로 송금을 하지만 당시에는 우체국으로 송금을 했다. 동네 우체국 국장님이 우리 부친에게 "매달 어디서 그렇게 큰돈이 오느냐?"고 물으며 아주 부러워했다고 나에게 종종 말씀하시곤 했다.

나는 2년간 항해사로서 해상 근무를 무사히 마치고(당시도 선박 사고가 있었으며 우리 동기생 중에서 해상 근무 시 사고로 죽은 사람이 5명이나 됨) 고려원양 부산지사에서 2년간 근무를 했다.

1977년 고려원양은 이란의 아바단Abadan에 기지를 개설해 나를 지사장에 임명했다. 나는 속리산호, 설악산호, 화랑호 세 척의 선단을 운영하기 위해 이란으로 갔다. 당시 이란은 우리보다 부자 나라였다. 팔레비가 통치하던 시절로, 경제가 우리와 비교가 안 되었다. 1977년 당시 대통령이셨던 박정희 대통령께서는 국가의 이름을 높이고 국민들에게 자신감을 주고자 아시안 게임을 유치했는데 막상 그 행사를 치르려니 국내에 기반 시설이 턱없이 부족했다. 아시안 게임을 치를 경기장과 선수들을 수용할 숙박 시설이 부족해 어쩔 수 없이 이란에 아시안 게임 주최권을 넘겨주게 되었다. 이란에서 1년간은 산업의 최일선에서 뛴다는 생각으로 50도가 넘나드는 무더위 속에서도 힘든 줄 모르고 열심히 일했다.

# 종합상사 근무 시절

이란에서의 기지장 생활을 마치고 귀국을 했다. 한국으로 돌아온 1978년은 우리나라가 급속히 경제 성장을 이루고 있었으며 특히 국가적으로 수출에 총력을 기울이던 시기였다. 지금은 우리나라의 주요 수출품이 첨단 산업인 컴퓨터, 자동차, 반도체, 석유화학 제품이 주력을 이루고 있지만, 1970~80년도에는 1차 상품인 농·수산물이 아주 큰 비중을 차지했다. 특히 원양 어획물이 우리나라 수출의 10대 제품에 속했던 시기다. 그리고 내가 근무한 고려원양이라는 회사(지금은 없어짐)도 당시에는 우리나라 10대 수출 회사에 들어갈 정도로 큰 회사였다. 그러다 보니 당시 한국의 대표 종합상사였던 대우실업, 삼성물산, 현대종합상사, 럭키상사, 선경물산 등의 회사들이 원양물 수출에 큰 비중을 두어 수산물 전문가를 스카우트하던 시절이었다.

나도 1978년에 박관균 대학 선배(지금 미국에 살고 있음)의 추천으로 당시 우리나라 최고의 무역회사인 대우실업에 인터뷰를 했고, 정말 운 좋게도 입사를 할 수 있었다. 대우실업 직원들은 대부분 SKY(서울대, 고려대, 연세대) 출신이었다. 대우의 내부 기록에는 출신 대학을 숫자로 표기했다. 서울대 1번, 연대 2번, 고대 3번, 서강대 4번 등으로 하여 대학 번호를 15번 정도에서 마치는데 부산수산대학 출신으로 대우실업에 입사한 사람은 내가 처음이었다. 따라서 나의 인사 기록에 출신 대학은 당연히 기타 대학으로 분류되었다. 내가 대우실업에 입사한 후에 유능한 나의 대학 후배들이 대우에 많이 들어와서 당시 사장님이시던 유기범 사장님의 특별 허락으로 부산수산대학도 번호를 배정(20번이던가?) 받은 것으로 기억된다.

대우실업에서의 10년 근무는 내 인생에 큰 도전과 꿈을 주었다. 매년 수차례씩 해외 출장을 다니며 무역 경험을 많이 쌓았다. 국내의 중소업체들과 함께 수출 업무를 진행하고 새로운 해외 거래처 개발 등 참 바쁘게 지냈다. 내가 지금까지 무역을 하고 있는 것은 그때 대우실업을 다니면서 배우고 익힌 것들이 기본이 되었다고 할 수 있다.

1970~80년대에는 안정적인 직장을 가지는 것이 행복이었다. 지금의 젊은 세대는 잘 이해가 안 되겠지만 과거에는 주말에 일하는 것이 다반사였고 가족보다 일이 우선이었다. 나는 아이들 운동회에 거의 참석하지 못했고 지금도 운동회와 관련하여 좋은 추억을 만들어 주지 못한 것이 못내 아쉽다.

나는 김우중 회장님께 특별히 감사를 드리고 싶다. 그분은 내가 따로 설명할 필요가 없는 분으로 우리나라의 경제를 일으키신 귀한 분이시다. 내가 감사의 마음을 표하고 싶은 것은 모든 직원들에게 포기하지 않는 도전정신과 꿈과 비전을 심어주셨기 때문이다. 회장님은 기회가 있을 때마다 "회사가 일마든지 밀어주고 지원해 줄 테니 회사에 도움이 되고 수출만 할 수 있다면 실패를 두려워하지 말고 소신껏 해보라."고 독려해 주셨다. 회장님의 그 말씀이 모든 직원들에게 큰 힘이 되었고 그 때 나와 같은 부서에서 근무하던 직원들(내가 농수산부 부장으로 근무 시 18명의 직원이 함께 일했음) 중 지금도 현역으로 뛰고 있는 사람이 7~8명 정도 되는 것으로 알고 있다.

대우에 근무를 하면서 기억에 남는 일들이 몇 가지 있다. 당시에는 부산에 있는 수산물 가공 공장에서 생선을 가공해 미국이나 일본으로 수출하는 것이 아주 큰 비중을 차지하고 있었다. 북태평양에서 어획한 명태를 부산으로 가져와 필렛fillet 제품을 만들어 미국으로 수출하는 것인데 1980년대 미국에서는 미시즈 폴Mrs. Paul(제너럴 푸드에 합병됨)이 가장 큰 규모로 필렛을 수입하는 회사였다. 당시 대우는 미국 20여 개 도시에 지점을 가지고 있었으므로 나는 각 지사에 안내장Circular Letter을 보내 필렛 시장을 함께 개척하자고 제안을 했다. 그중 미국에서 가장 작은 지사인 마이애미 지사에서 그 품목을 함께 개척하고 싶다는 회신을 보내왔다. 바로 나는 미국으로 건너가 필라델피아에 소재하고 있는 미시즈 폴을 방문해 며칠간의 마라톤 상담 끝에 7백만 불의 주문을 확보했다. 당시의 7백만 불은 지금의 가치로는 거의 3~4천만 불 정도 될 것이다. 그 오더가 성사되자 대우 내부에서 적지 않은 화젯거리가 되었고 당시 미국에서 가장 큰 지점인 뉴저지 지점장이 나에게 전화까지 해서 내가 성사시킨 오더는 아주 큰 건이므로 미국에서 가장 큰 지점인 뉴저지를 통해 일을 진행하자는 압력을 해왔다.

매달 40컨테이너 분량을 선적하는 대형 오더는 거의 5년간 진행되었으며 그 공로로 1982년 11월 30일 "제19회 수출의 날"에 산업자원부 장관의 표창(제7560호)을 받았다. 당시는 국가나 회사가 수출에 총력을 기울이던 시기였으므로 무역회사에 다닌다면 엘리트 중 엘리트로 생각했으며 가정주부들도 남편이 해외로 다니면서 오더를 따는 일에 굉장한 자부심을 가지던 시절이었다. 나 또한 그 시절에 한국 최고의 회사인 대우실업에 다니며 근무할 수 있는 기회를 주신 하나님께 감사한다.

남미는 오징어가 아주 많이 나는 나라였다. 나는 매년 남미에서 3,000~4,000톤의 오징어를 수입해 동해안의 덕장에서 말려 건오징어를 만든 후 태국, 홍콩, 싱가포르에 수출했다. 건오징어를 수출하기 위해 매년 동남아 출장을 수없이 다닌 기억이 생생하다. 그 당시 동해안 여러 포구는 대우가 말리고 있는 오징어로 넘쳐 났으며 매년 대우는 건오징어로 6백만 불 정도의 수입을 올렸다. 그 일로 나는 1980년대 초에 아르헨티나를 10여 차례나 다녀왔다.

또한 나는 미국 알래스카에서 생산한 연어와 게를 수입해 가공한 후 미국에 다시 파는 가공 무역을 했다. 매년 스노 크랩Snow Crab을 약 2,000톤씩 수입해 동해안 공장에서 섹션section으로 가공하여 미국의 유명한 레스토랑인 레드 로스터Red Loster에 공급하는 일을 수 년간 지속했으며, 알래스카산 연어를 수입해 통조림으로 가공하여 미국으로 판매하는 일도 했는데 그 수량도 거의 3,000~4,000톤 규모였다. 지금 생각을 해도 참 쉽지 않은 일들을 해냈다는 자부심을 갖게 한다. 당시 함께 노력해 준 동료 직원들에게 감사의 마음을 전하고 싶다.

나는 대우에서 약 10년간 근무한 후 삼호물산 조강호 회장님의 제안을 받아 삼호물산 이사로 자리를 옮기게 되었다. 삼호물산 조강호 회장님은 입지적인 분이시다. 처음 어시장에서 아주 작게 사업을 시작하셨는데 학력은 좋지 않으셨지만 남다른 열정과 노력과 성실함으로 삼호물산을 우리나라 원양업계 5~6위 정도의 큰 기업으로 키우셨고 한때는 노량진 수산시장을 소유할 정도로 사업을 크게 일구셨다. 조강호 회장님은 나를 스카우트하시면서 재미나는 조건을 제시하셨다. "삼호에 오시면 김 이사님이 전권을 가지고 사업을 추진해 주세요. 나에게는 10퍼센트의 결재권만 주시고 90퍼센트는 김 이사님이 알아서 하세요." 그분은 그 약속을 지켜주셨으며 대부분의 프로젝트를 거의 다 맡길 정도로 나를 신임하고 밀어주셨다.

삼호에 근무하는 동안 나는 미국 서부의 수산물 중심지인 시애틀에 삼호 아메리카SAMHO America라는 현지 법인을 개설했으며 남미 아르헨티나에 에사마ESAMAR라는 현지 법인도 설립했다. 당시 우리나라에도 자녀들을 미국으로 유학을 보내는 가정이 있었는데 나도 두 딸을 미국에서 공부를 시키고 싶은 마음이 있었다. 얼마 후 나는 삼호 시애틀SAMHO Seattle 현지 법인 대표로 발령을 받았고 미국으로 이사 갈 준비를 하면서 온 가족이 좋아했다. 그런데 어찌된 영문인지 전임자가 귀국을 계속 미루더니 흐지부지되고 말았다. 당시에는 섭섭했지만 그때 미국으로 가는 것이 하나님의 뜻이 아니었는지 시애틀로 가는 일은 성사되지 않았다.

삼호에 근무할 당시 우리나라가 올림픽을 개최하는 1988년에 한국장기신용은행(현 시티은행CITIBANK 전신)이 주관하는 중국 투자단의 일원으로 중국을 방문할 기회가 있었다. 그 당시에는 중국과 국교가 수립되기 전이라 홍콩에서 중국 비자를 받고 북경으로 향했다. 선경과 OB맥

주회사와 삼호물산 등 중견기업 15개 사가 참여했다. 요즘은 중국을 옆집 드나들 듯 쉽게 가지만 1988년도에는 중국을 방문하는 것이 정말 흔하지 않은 일이었다. 1980년대만 하더라도 중국의 상황은 지금과 아주 달랐다. 한국과 거의 30년 정도 차이가 있었다. 예를 들면, 상해 국제공항의 화장실은 수세식이 아니고 화장실에 문도 없는 상태였다. 북경에서 천진으로 가는 기차를 탔다. 우리는 특실을 탔지만 따로 금연 구역이 정해져 있지 않아서 마구 담배를 피우는 바람에 온 객실이 연기로 자욱했으며, 중국 사람들이 우리를 마치 동물원 원숭이 보듯이 신기해하며 자꾸 들여다보았다.

1990년도의 일이다. 한국원양회사는 러시아 수역에서 명태조업을 했으며 명태 쿼터quota를 확보하기 위해 러시아와 어업회담을 했다. 나는 원양어업 대표의 일원으로 종종 러시아를 방문했다. 어업회담은 주로 러시아의 수도인 모스크바에서 열렸고 극동의 하바롭스크와 블라디보스토크에서도 열렸다. 당시에는 러시아와 국교 수립 전이라 일본에서 비자를 받았다. 러시아 방문 시 가장 기억에 남는 일은 사할린 방문이었다. 사할린 주의 주도인 유즈노사할린스크Yuzhno-Sakhalinsk를 방문할 기회가 있었다. 그곳에서 내가 놀란 것은 한국인들의 투지와 정신력이다. 사할린은 우리에게 아픈 기억이 있는 곳이다. 일본은 러일 전쟁의 승리로 북방사도(北方四島)를 강점한 후 사할린으로 일본 사람들을 이주시켰고 한국 사람들도 강제로 이주시켜서 주로 탄광에서 노역을 시켰다.

일본이 2차 세계대전에서 패망해 일본군이 철수할 때 자국민인 일본 사람들은 전부 데리고 갔지만 강제 노역을 위해 데리고 간 한국 사럼들은 무책임하게 누고 나와 거기에 있던 한국 사람들은 졸지에 미아가 되었다. 국적도 없이 수많은 차별을 받았음은 두말할 여지가 없지만 그 당시 우리나라도 사할린 동포를 돌볼 수 있는 처지가 아니었다. 또 그럴 만한 여력도 없었다. 하루아침에 미아가 된 사할린 동포들은 얼마나 힘이 들었을까……. 그러나 그들은 그 어려움 속에서도 남다른 독립심과 불굴의 투지를 발휘해 사할린에서 자리를 잡았다. 사할린은 겨울에 영하 30도 이하로 떨어지는 혹한이 계속되어 채소(배추, 무, 시금치 등)를 키우기가 적합하지 않은 환경이다. 그럼에도 불구하고 그들은 비닐하우스를 운영해 채소도 키우고 비싼 장미도 키워 판매를 하고 있었다. 현지 시장에서 장미꽃, 김치 등은 사할린 동포들이 장악하고 있었다. 역경 속에서도 굴하지 않고 그런 일을 할 수 있다는 것이 정말 감동적이었다.

내가 사할린에 며칠 머물고 있을 때 한국 사람이 왔다는 소문을 듣고 현지 동포들(주로 70대 어르신들) 몇 분이 나를 찾아오셨다. 그분들은 사할린에 살면서 거의 50년 만에 처음으로 한국인을 만나보신 것이라고 했다. 한국이 얼마나 변했는지 등 이것저것 조국에 관해 많은 질문을 하셨고 집으로 초대까지 하셔서 식사도 여러 차례 대접받았다. 귀국하고 몇 달이 지나 KBS 방송국에서 연락이 왔다. KBS 프로그램 중에 "그리운 목소리"라는 해외 교포용 방송이 있는데 사할린에 사시는 교포 몇 분이 KBS에 편지를 보내 50여 년 만에 처음으로 한국 사람을 만나서 그동안 궁금했던 조국 소식을 직접 들을 수 있어서 너무나 기뻤다며 KBS에서 사할린 교포를 위한 특별 프로그램을 만들어 방송해 달라고 요청을 해왔다고 한다. 그래서 나를 그 프로그램에 초대하게 되었고 나는 일주일간 사할린 교포를 위한 특별 방송에 출연을 했다.

1990년에는 남미 아르헨티나에서 조업하기 위해 자주 아르헨티나로 출장을 갔다. 아르헨티나 최남단에 우수아이아Ushuaia라는 도시가 있는데 지구상에서 가장 남쪽에 위치해 있다. 어느 곳이나 인접국 간에는 약간의 긴장과 충돌이 있다. 아르헨티나와 칠레도 예외가 아니었다. 그래서 아르헨티나는 우수아이아에 해군 기지를 두고 있었는데 수도 부에노스아이레스까지는 약 4,000킬로미터나 떨어져 있는 먼 곳이었다. 군대를 주둔시키려면 주·부식을 공급해 주어야 하는데 문제는 싱싱한 채소 공급이 어렵다는 것이다.

현지는 남위 55도 정도로 아주 추운 곳이라 채소를 키우기는 어렵고 매번 약 4,000킬로미터나 떨어져 있는 곳에 운송하기도 어려운 일이었다. 현지에는 철도 시설이 없어 비행기나 배를 이용해야 했다. 한국인의 투지와 적응력이 또다시 발휘되었다. 당시 아르헨티나로 이민을 간 최 사장이라는 분이 있었는데 해군 기지에 채소가 꼭 필요하다는 정보를 입수한 후 비닐하우스를 만들어 해군에서 필요로 하는 채소를 재배하여 납품을 했다. 해군 기지 입장에서는 너무나 좋은 조건을 만난 것이다. 최 사장은 유명 인사가 되었고 한국인의 우수성을 여실히 입증해 주었다.

삼호에서 5년간의 임원생활을 마치고 1997년에 미창산업을 창업했다. "미창"이란 이름은 고(故) 신현균 목사님께서 지어 주셨다. 욥기 8장 7절에 나오는 "네 시작은 미약하였으나"의 미(微)와 "네 나중은 심히 창대하리라."는 창(昌)에서 따오셨다.

# 창업 초기 이야기

내가 새로운 일을 시작한다고 했을 때 주위 사람들은 다들 그 좋은 직장을 왜 그만두고 위험하게 사업을 하느냐고 염려하며 말렸다. 심지어 조강호 회장님께서도 만류를 하셨지만 5년 뒤가 보이지 않는 현실을 더 이상 외면할 수 없었다. 하지만 내가 창업을 하겠다고 했을 때 아내가 반대를 했더라면 아마 시작하기 힘들었을 것이다. 고맙게도 아내는 담담하게 "당신이 원하면 해보라."고 말해주었고 그런 아내의 권면과 후원이 큰 힘이 되었다.

어려운 결정이었지만 지금 돌이켜 보면, 모든 일이 하나님의 인도하심 속에 진행되었던 것 같다. 나는 서울 시청 건너편에 있는 플라자 호텔 뒤편의 8평 규모에 사무실을 열었다. 삼호물산 퇴직 시 받은 1,000여만 원과 아내가 비상금으로 갖고 있던 5백만 원으로 책상 두 개, 전화두 대, 팩스 한 대를 구입하고 상고를 졸업한 조카를 경리로 채용한 후시작했다. 통장에 남은 잔고는 한 달 운영비도 안 되는 기백만 원이 전부였다. 그러나 이상한 것은 불안하거나 앞날에 대해 그다지 염려가 되지 않았다. 감사하게도 하나님은 처음부터 오더를 준비해 두셨고 첫 해를 무사히 보냈다. 간혹 아내에게 생활비를 조금밖에 갖다 주지 못하기도 했지만 아내는 아무런 불평 없이 끊임없이 기도하고 격려해 주었다. 오늘까지 사업을 하고 있음은 하나님의 도우심과 아내의 기도와 내조 덕분이라고 생각한다.

매출이 조금씩 늘어나 개인 회사 규모를 넘어섰으므로 글로벌 시푸드Global Seafoods라는 법인을 설립했으며 하나님의 돌보심으로 회사는 꾸준히 성장해 1995년도 "32회 무역의 날"에 수출 5백만 불 탑을 수상했다. 또한 2004년 5월 31일 "바다의 날" 수출 유공자 표창식에서 산업 포장(행정자치부 제5075호)을 받았다.

내가 회사를 운영하면서 하는 일이 무역 관련 일이라 나는 해외 출장을 참 많이 다녔다. 지금도 매년 10여 차례는 해외로 나간다. 아마 지구를 열다섯 바퀴 이상은 돌지 않았을까 싶다. 아시아와 서유럽의 나라들은 거의 방문한 것 같고 북미, 남미 10여 개 나라와 아프리카의 이집트, 리비아, 남아프리카공화국, 나이지리아, 그리고 서부 해안의 모로코, 세네갈, 모리타니 등 대략 55개국은 돌아다닌 것 같다. 하나님은 나의 어릴 적 꿈을 하나하나 이루어주셨다. 그리고 지금도 나의 해외 출장은 계속되고 있다. 나는 기회가 되는 대로 아내와 출장을 같이 간다. 외국의 거래처들은 부인을 동반하면 대접이 더 좋다. 그래서 나는 아내에게 농담을 하곤 한다. "당신 덕분에 더 대접을 잘 받았다"고. 물론 아내도 함께 여행하는 것을 좋아한다.

남아프리카공화국의 케이프타운 방문 시 세계 7대 명소인 테이블 마운번Table Mountain에서 보낸 시간들, 아프리카 최남단인 케이프 혼에서 인도양과 대서양이 만나는 지점의 절경과 자연의 아름다움, 북반구의 아름다운 노르웨이를 방문해 피오르fjord를 보며 감탄했던 일, 스페인의 아름다운 소도시 비고Vigo를 방문해 스페인의 명물인 하몽과 최고의 현지 포도주를 마시던 기억, 스페인이 낳은 세계적인 건축가 가우디의 흔적이 남은 바르셀로나의 성당, 공원 등 아내와 함께한 멋진 추억들이 참 많다.

# 가족 이야기

앞에서도 간간이 언급했지만 나는 너무나 좋으신 부모님의 자녀로 태어난 행복한 사람이다. 그래서 항상 하나님께 감사를 드린다. 또한 우애 넘치는 형제들과 성장할 수 있었음은 부모님의 은덕이요, 하나님이 나에게 주신 큰 축복이라고 생각한다. 살면서 부모님께 큰 책망이나 질책을 받은 적도 없고 항상 넘치는 사랑을 받아왔으며 어려서나 철이 든 후에도 형제들과 단 한 번도 언성을 높이지 않았다. 지금까지 이처럼 형제들과 사랑을 나누며 사는 것은 하나님이 우리 가족에게 주신 축복이라 믿고 있다.

더없이 감사한 것은 너무나 좋은 아내를 만난 것이다. 아내는 부산에서 태어났지만 장인어른의 고향은 남해다. 장인어른은 일찍이 일본으로 건너가 사셨는데 해방이 되자 조국으로 돌아가야 한다며 일본에서의 생활을 정리하시고 부산에 정착을 하셔서 수산업을 하셨다. 장인어른께서는 일찍부터 여러 가지 사업을 하시면서 사회 경험도 많으셨으므로 실고 셰시넌 부산 조량동에서 많은 동네 분들의 멘토 역할을 하실 정도로 존경받는 분이셨지만 평소에는 말씀이 적으셨다. 그 때문에 아내와 결혼을 못 할 뻔했다.

부산의 고려원양에 근무할 때 나는 형님 집에 살고 있었다. 형수가 피아노 학원을 운영하고 있었는데 배우는 학생들 중 부모님이 병원을 운영하고 있는 학생이 있었다. 그 학생 부모님인 병원 원장님과 형수가 이야기 중에 원장님이 참한 아가씨가 있다고 나에게 소개를 해주었다. 나는 소개받은 참한 아가씨와 몇 달간 데이트를 하며 서로를 알아가는 시간을 가졌고 서로 평생의 반려자가 되기로 마음을 먹었다. 장인어른 되실 분이 나를 만나보고 싶다고 하신다기에 날짜를 정하고 약속장소로 나갔다. 그 자리에서 장모님 되실 분은 많이 웃으시면서 나에게 이야기도 많이 거시고 나를 마음에 들어하시는 것 같다는 인상을 받았는데, 장인 되실 분께서는 시종일관 아무런 말씀을 하지 않으셔서 도무지 알 수가 없었다. 나는 내가 마음에 들지 않으셔서 말씀이 없으신 것으로 착각을 했다.

그리고 시간이 흘렀다. 이런 경우 대부분 남자 측에서 먼저 연락을 취하는 게 예의지만 나는 장인어른이 나에게 별 말씀이 없으셔서 내가 마음에 들지 않으신 것으로 판단하고 그 후 처가 식구 될 분들께 별다른 연락을 취하지 않았다. 나중에 알게 된 이야기지만 처가에서는 나를 마음에 들어하셨는데 그 후 나에게서 아무런 연락이 없으니 먼저 연락하기도 좀 그렇고 답답해 하셨다고 한다. 내용을 알고 보니 내가 착각을 한 것이었다. 장인 되실 분은 인생 경험도 많으시고 일본과 한국에서 사업을 하시면서 수없이 많은 사람을 만나 보신 터라 그날 사위 후보인 나를 보시고 사랑하는 막내딸의 사윗감으로 그런대로 흡족하셔서 아무 말씀도 하지 않으셨던 것인데 그런 사실은 까맣게 모르고 나는 거절당한 것으로 생각하고 연락을 하지 않았던 것이다. 나와 아내에게는 작지만 나름 심각했던 에피소드였다.

부산에서 1977년 1월 21일에 결혼식을 올렸다. 결혼 초 약 2개월간은 부산 초량의 처가에서 지냈는데 그때 장모님과 장인어른의 사랑을 듬뿍 받았다. 내가 생선을 좋아한다는 것을 아신 장인어른, 장모님께서는 거의 매일 아침 일찍 자갈치 시장으로 가셔서 싱싱한 생선을 사다가 맛있는 식사를 준비해 주셨다. 나는 지금도 두 분의 크신 사랑을 잊지 못한다.

1978년 3월에 서울 방배동으로 이사를 하고 아내와 새롭게 신혼을 시작했다. 우리가 서울로 이사를 온 후 장인어른이 딸집에 오신 것은 딱 한 번이었다. 장인어른은 하루를 머물고 가셨는데 지금 생각하면 좀 더 자주 오시라고 전화도 드리고 또 더 잘 모셨어야 했는데 그렇게 하지 못한 것이 후회된다. "부모님은 기다려 주시지 않는다."는 말처럼 제대로 못 해 드린 것을 생각하면 지금도 송구한 마음에 몸 둘 바를 모르겠다. 장인어른은 평소에 혈압이 좀 높으셔서 늘 주의를 하셨다. 어느 날 평소처럼 저녁을 드시고 손주들과 아이스크림을 맛있게 드신 후 머리가 아프다고 누우셨는데 그 길로 천국으로 떠나셨다. 당시 장인어른은 69세셨는데 너무 빨리 떠나셨다. 장모님은 성품이 참 온화한 분이셨다. 항상 얼굴에서 미소가 떠나지 않으셨고, 손주들이 좀 말썽을 피워도 "됐다. 그냥 둬라!" 하시며 자식들을 엄하게 교육시키려는 당신 자녀들로부터 손주들의 방패막이가 되어 주셨다. 장모님은 항상 품어주시는 싱품이섰는네 노후에 당뇨와 고혈압으로 고생을 하셨다. 소천하시기 전 6개월간 병원에 계셨는데 그때 좀 더 자주 찾아뵙지 못한 것이 지금도 많이 후회된다.

장인어른이 50여 년 동안 부산 초량동에 사시면서 많은 주변 사람들의 멘토셨다는 것을 증명하는 일이 있었다. 2010년쯤으로 기억된다. 하루 일정으로 부산에 출장을 갔는데 예정보다 일이 빨리 끝나 서울로 타고 갈 기차 시간이 좀 남아 있었다. 그래서 부산역 앞에 있는 오래된 이발소에 들어갔다. 이발사는 70세가 넘은 분이셨는데 손님이 별로 없다 보니 이발을 하면서 이런저런 이야기를 나누게 되었다. 그 이발사 분 말씀이 자기가 젊을 때 멘토 역할을 해주신 어르신이 한 분 계셨는데 수십 년이 지난 지금도 가끔 생각이 난다는 것이다. 그분은 인생 경험이 많으셔서 인생에 대한 자문은 물론, 살면서 부딪치는 크고 작은 일들을 자상하게 알려주셨고 그때 그분의 말씀이 자기가 살아오는 데 큰 도움이 되었다고 했다. 나는 호기심이 생겨서 이발사 분께 "아직까지도 그렇게 소상하게 기억하고 계신 멘토 분의 성함을 여쭤 봐도 될까요?" 하고 물었더니 "최부남 씨(나의 장인어른 존함임)!"라는 것이다. 깜짝 놀란 나머지 내가 그분의 막내 사위라고 했더니 오히려 이발사 분이 몹시 반가워하셨다. 나는 그 일을 통해 많은 생각을 하게 되었고 장인어른이 아주 귀한 삶을 사셨음을 다시 한 번 깨닫게 되었으며 나도 앞으로 더 값어치 있는 삶을 살아야겠다는 다짐을 했다.

결혼 후 채 3달이 되기 전에 나는 먼저 이란에 기지장으로 나갔고 아내는 뒤따라올 예정이었다. 내가 먼저 떠나 이란에 가 있는 동안 아내는 신랑도 없는 진주에서 우리 부모님과 함께 지냈는데 그 상태가 10여 개월 지속되었고 그 후 회사 사정으로 이란 사업을 접는 바람에 우리 부부는 결혼 후 10개월간 별거를 한 셈이었다. 참으로 감사한 것은 아내는 내가 이란에 기지장으로 나가 있는 동안 남편도 없는 시집에서 지내는 것이 불편했을 텐데도 우리 부모님을 친부모님처럼 잘 모셔 주었고 다른 식구들과도 잘 지냈으며 아주 사이가 친밀해졌다. 부모님은 종종 주변 사람들에게 내 아내를 딸 같은 며느리라고 이야기하시곤 했다. 그래서인지 아내는 지금도 우리 가족들에게 인기가 제일 많다. 나는 아내에게 진심으로 감사한다.

어릴 적부터 나는 부모님을 우리 집에 모시고 살고 싶었다. 그래서 아내에게도 결혼 전에 내 마음을 이야기했고 아내는 그건 자식으로서 너무나 당연한 일이라고 대답했었다. 형편이 나아졌을 때 나는 수지에 비교적 넓은 아파트를 장만했다. 우리 부부는 수차례 부모님께 우리 집에 오셔서 같이 지내시자고 제안하고 요청을 드렸지만 부모님은 우리에게 폐가 된다며 끝내 오시지 않고 보고 싶으실 때마다 이따금 들르곤 하셨다. 그때 이후에는 여러 가지 이유로 그렇게 시도할 기회가 없었다.

나는 결혼 후에도 부친과 거의 매일 통화를 했다. 일주일에 5일 이상은 전화로 안부를 여쭈며 지냈다. 부친께서도 좋아하셨고 부친과의 통화가 내 생활의 일부였다. 2008년 5월 18일로 기억된다. 그날은 토요일이었고 주말이다 보니 이런저런 일로 저녁 무렵이나 되어서야 부친과 통화를 하게 되었다. 별다른 이야기는 없었다. 다른 날과 마찬가지로 오늘 어떻게 지내셨냐고 여쭈었더니 은퇴 교수들과 점심을 먹으며 좋은 시간을 보내셨다고 하셔서 또 전화 드리겠다고 말씀드린 후 전화를 끊었다. 그런데 그 전화 통화가 부친과 이 땅에서 나눈 마지막 대화가 될 줄은 몰랐다. 다음날이 일요일인데 아침에 모친으로부터 부친께서 의식을 잃으셨다는 다급한 전화를 받았다. 가슴이 철렁했다. 어제까지 나와 통화를 했는데 119에 연락해 빨리 병원으로 모시고 가시라고 말씀드리고는 급히 진주로 내려갔다. 부친께서는 의식을 잃으신 채 당신이 30년간 봉직하셨던 경상대학교 의과대학 병원의 중환자실에 누워 계셨다. 서울의 누나, 부산의 형, 수원의 동생, 포항의 막내 등 우리 오남매가 다 모여서 의식이 없으신 부친을 뵈었다. 부친은 입원하신 지 3일 만에 편안한 모습으로 하늘나라로 떠나셨다. 아무런 고통도 없으셨고 자녀들이나 가족들에게 더 이상의 힘든 일도 주심 없이 정말 편안하게 하늘로 가셨다.

부친이 일제강점기를 지내셨으니 내가 모르는 어려움도 많으셨겠지만 조부님 덕분에 일본 유학도 하시고 평생 교단에서 많은 제자들을 배출하시고 존경받으신 것을 보면 하나님이 우리 부친을 많이 사랑하셨음을 느낄 수 있다. 나는 내 아버지니까 당연히 사랑하고 존경했지만, 우리 부친이 어떤 분이신지를 알게 한 일화를 소개하려 한다. 내가 대우에 근무하던 시절, 중국 출장을 마치고 돌아오는 길이었다. 비행기 안에서 내 옆 좌석에 앉은 중년의 남자 분과 이야기를 나누게 되었는데 우리나라 대표 기업 중 하나인 농심의 기획실장을 거쳐 당시 ㈜농심 중국법인 대표가 된 분이셨다. 서로 이야기를 하다 보니 내가 진주에서 살았음을 말하게 되었다. 그분은 자기가 진주를 가본 적은 없지만 "진주" 하면 특별히 기억에 남는 교수님이 한 분 계시다고 했다. 자기가 농심에서 기획실장으로 있을 때 주로 신입사원을 채용하는 업무를 맡았는데 가끔 서울에 있는 대학의 교수님들이 제자들을 농심에 취업시키기 위해 찾아오시는 경우가 있었다고 한다. 지방에 있는 대학의 교수님들이 직접 농심을 방문해 제자들의 취직을 부탁하시는 경우는 거의 없었는데 유독 진주농대에 계시는 교수님은 여러 차례 회사를 방문해 제자들을 채용해 달라고 부탁을 하셨다고 한다.

그분의 표현을 빌리면 당시 농심은 서울에 소재한 대학 졸업자들 중에서 우수한 학생들을 채용하는 기업이었고 지방 대학인 진주농대 출신을 채용한 적도 채용할 생각도 없었다고 한다. 그래도 그 시절만 해도 인정이 조금은 후하던 때라 교수님이 서울까지 오셔서 제자들의 취직을 부탁하시니 거절하기도 어려워서 일단 한 명을 채용하게 되었다는 것이다. 결과적으로 그 교수님의 추천으로 채용된 제자는 업무에 적응도 잘하고 근무 태도도 좋아서 지방 대학에 대한 선입견이 많이 사라지게 되었고 지금은 농심에도 진주농대 출신이 상당히 많이 입사한다고 했다. 나는 그 이야기를 들으며 그 교수님은 정말 제자를 사랑하시고 염려하시는 참 스승의 본이 되시는 분이라고 생각했다. 나는 마음에 잔잔한 감동을 느끼며 따뜻한 감동을 선사하신 교수님의 성함을 물어보았다. 진주농대의 김명찬 교수님(부친 존함임)이라는 것이다. 세상이 이렇게 좁을 수가 있을까! 내가 그분의 셋째 자식이라 말하자 그분이 오히려 깜짝 놀라며 기뻐하셨고 혹시 다음에 중국에 오게 되거든 꼭 한 번 농심을 방문해 달라고 말씀하셨다.

진주에 가서 부친께 그 이야기를 해드렸더니 참 흐뭇해 하셨다. 우리 가족에게 부친이 어떤 분이시고 또 학자로서 어떻게 살아오셨는지를 알려주는 좋은 일화다. 우리 오남매는 우리에게 그처럼 훌륭한 부모님을 수신 하나님께 늘 감사하고 있고 지금도 하늘나라에 계시는 부친을 정말 자랑스럽게 생각하며 또 보고 싶다.

우리 부친께서는 정도를 걸으신 분으로, 참 고지식하게 사셨다. 부친은 진주농대 농화학과를 개설하셨다. 화학과는 실습 기자재가 많이 필요한 학과다. 진주에서는 대학에서 필요한 과학 기자재를 구매할 수 없으므로 부친은 종종 서울로 출장을 가셔서 직접 기자재를 구매하시곤 했다. 모르긴 해도 상당한 금액의 기자재를 구매하셨을 것이다. 이런 일이 반복되다 보니 판매자 측에서 기자재를 구입하러 진주에서 서울까지 먼 길 다니느라 수고하신다며 여비에 보태시라고 봉투를 주는 경우가 있는데 그때마다 거절하셨다고 한다. 학교에서 출장비를 받고 왔으니 내가 돈을 받을 이유가 없으며 꼭 돈을 주고 싶으면 그 금액만큼 기자재 값을 깎아 달라고 하셨다는 것이다. 판매자 측에서도 두 손 두 발 다 들었다고 한다.

또 보결 학생이 생길 때 처리 방식에서도 부친의 고지식함이 드러났다. 1960년대는 합격은 했으나 가정 형편상 등록금을 내지 못해서 입학이 취소되어 자리가 비는 경우가 간혹 있었다. 요즘은 차점자가 입학하지만 60여 년 전에는 지금과 상황이 달라서 주임교수가 결정을 한다. 형 친구 중 하나가 부친 덕에 입학의 기회를 잡았다. 형 친구 부친께서 입학 후에 감사의 표시로 우리 집에 쌀 한 가마니를 선물로 보내왔는데 부친은 쌀 한 가마니를 다섯으로 균등하게 나누어 같은 과의 네 분 교수님 댁으로 골고루 보내주셨다.

부친이 우리에게 가르치신 말씀이 아직도 기억난다. 1950~60년대는 대체로 급여가 적었기 때문에 대부분의 가정에서 부업을 갖고 싶어

했다. 우리도 모친이 집 마당에서 닭을 키우시며 부수입을 마련하셨다. 우리는 모친이 달걀을 팔아서 우리에게 용돈을 마련해 주시는 것을 보고 자랐는데 아버지는 부수입에 대한 정의를 우리에게 분명히 가르치셨다. 부수입(附收入, Secondary Income)이란 노력으로 얻는 제2의 수입이며, 어떤 경우라도 부수입(不收入, Illegal Income), 즉 부정한 수입이 되어서는 안 된다고 하셨다. 그렇게 교육을 받고 자란 우리 오남매도 부친과 같은 길을 따랐다.

나는 내 동생들이 자랑스럽다. 내 바로 아래 동생은 한국의 대표 화장품 회사를 30여 년 다니며 중요한 직책을 맡았다. 태평양화학 연구소장과 장원산업 사장을 역임했다. 잘 모르긴 해도 그 대기업은 대부분 서울의 명문대학 출신들이 포진해 있는 곳이지만 아우는 부친이 봉직하신 진주농대를 졸업했다. 이처럼 아우가 지방 대학 출신으로 적지 않은 핸디캡이 있음에도 불구하고 최고의 자리에 오를 수 있었음은 남다른 노력과 성실성을 인정받은 결과라고 생각한다. 아우가 10여 년간 사장으로 있었던 장원산업은 우리나라 녹차(설록차)로 아주 유명한 기업이다.

녹차는 일본이 우리보다 한 수 위라서 기술 제휴는 물론, 비싼 장비도 일본에서 수입했는데 그 장비를 아우가 일본에 가서 직접 구매를 했다. 그 금액이 만만찮게 큰 액수여서 그랬는지 몰라도 장비를 설치하고 난 후 일본에 또 출장 갈 일이 있어서 들렀더니 장비 판매한 일본 회사 측에서 무사히 거래를 마치게 되어 감사하다는 표시로 얼마인지는 모르지만 사례금을 주기에 거부했다고 한다. 그 후로도 아우는 모든 거래에서 일체 사례금을 받지 않았다고 한다. 일본 회사 측 오너가 한국에 와서 아우 회사의 오너를 만나게 되었을 때 그 사실을 말했고 그 덕분에 아우는 회사에서 신뢰를 받을 수 있었다. 물론 맡겨진 일도 빈틈없이 하는 스타일이지만 정직성도 우리 부친을 닮았으니 오너의 신임을 받아서 지방 대학의 핸디캡을 극복하고 60세가 지날 때까지 대기업의 CEO 자리를 유지할 수 있었다고 믿는다. 나는 우리 동생들이 자랑스럽고 우리를 가르치신 부친께도 감사한다.

나는 부친이 떠난 지 8일이 되는 날, 부친 생각이 나서 사부곡(思父曲)을 지었다.

"하늘에 계시는 아버지를 생각하며"

아버지가 우리 곁을 떠나 하늘나라로 가신 지 꼭 8일이 되는 날이다.
아버지의 90평생을 내가 다 기억할 수는 없지만
내가 기억하는 우리 아버지는,
자상하시고
사랑이 많으시며
따뜻한 마음을 가지셨고
세상을 정직하게 사셨으며
평생 진실된 스승의 길을 걸어온 분이시다.
가정에 충실하셨고
자녀들에게 다정다감하셨으며
제자들을 가르치심에 적당하게 하신 적이 없으셨고
항상 바르게 생활하라고 가르친 분이시다.

생활 속에 가식이나 거짓이나 위선 같은 모습은

거의 찾아볼 수 없었고

일평생을 정직과 신의로 산 분이시다.

큰일을 만나면 좀 더 심사숙고하시느라

때로는 빠른 결단을 내리지 않으셔서

우유부단한 모습을 보이셨지만

항상 정도를 걸으시려고 노력하셨다.

불의를 보면 참지를 못하셔서

자신의 안위는 생각하지 않으시고 과감하게 행동하셔서

주위에 부러움과 염려를 함께 받기도 하셨다.

아버지는 하나님의 축복을 받은 분이셨다.

일제강점기에 힘겹게 사셨지만

조부님의 사랑으로 일본 유학도 하셨다.

6·25 전쟁의 혼란기에도 하나님의 도우심으로

온 가족을 무사히 지키셨고

4·19, 5·16의 혼란기에도 학자로서의 양심을 지키셨다.

1950~70년대의 어려운 국내 사정에도

자녀들을 다 대학 공부를 시키셨고

1980~2000년대에는 은퇴 교수로서 여유로운 시간을 보내셨다.

아버지의 영향으로 우리 오남매는 각자의 위치에서

각기 제 몫을 잘 감당하고 있기에

부친의 동료 교수님들로부터

어떻게 자녀들이 그렇게 골고루 잘 되었냐고

부러움을 사기도 하셨다.

우리 오남매가 오늘 이렇게 잘 됨은

평소에 부모님이 걸어오신 그 길을

우리가 본받고 있기 때문이라고 본다.

임종하실 때까지 복이 많으셨다.

의식을 잃으시기 하루 전까지도 식사를 잘 하셨고

의식을 잃으신 지 3일 만에 육신의 아무런 고통 없으신 채

하나님의 부르심에 응하셨다.

소천하시기 4~5개월 전부터는 체중의 감소로 쇠약해지셨는데

의식을 잃으시고 응급실에서 3일간 계시면서 치료를 받으시고

우리에게 마지막으로 보이신 아버지의 모습은

50대의 아버지처럼 장대하고 늠름하고 건강하셨다.

아버지께서 우리 가족에게 보여 주신 마지막 모습은

노년의 쇠한 모습이 아니라

우리 어릴 적 우리를 사랑으로 안아주시던

장수와 같은 모습이셨다.

장례식에 천 명이 넘는 조문객이 오셔서

아버지의 소천을 함께 슬퍼함은

90평생 아버지가 정말 바른길을 걸어오셨고

제자들과 많은 주위 사람들에게

선한 영향력을 주셨음을 보여 주는

증거라는 생각이 든다.

아버지는 정말 값지고 아름답고 복된 삶을 사셨습니다.

그리고 지금은 천국에 계십니다.

아버지 감사합니다!

아버지 사랑합니다!

-셋째가 올립니다(2008년 5월 29일)

올해가 부친이 하늘나라로 가신 지 꼭 10년이 되는 해다. 모친과 오남매는 진주 나동 공원묘지에 영면하고 계신 부친 묘소를 성묘하며 하늘나라에 계시는 부친을 향한 그리움에 마음이 촉촉해졌다.

나는 위로 누님이 한 분 계시는데 누님은 젊으셨을 때는 초등학교에서 교편을 잡으셨고 지금은 교회 권사로 계시며 조모와 부모님의 대를 이어서 우리 가족의 기도 당번 역할을 하신다. 또한 누님은 우리 오남매의 맏이로서 항상 기둥 역할을 해오셨고 지금도 그 역할을 너무나 잘 하고 계신다. 어릴 적 우리가 살던 진주의 집은 나무 울타리로 되어 있었다. 울타리를 만든 지가 아주 오래되다 보니 파손된 부분이 많아서 외부에서 우리 집안이 들여다보였다. 누님은 그 점을 늘 염려하셨고 교사 발령 후 타신 첫 급여로 우리 집 울타리를 벽돌로 바꾸어주셨다. 벽돌 담장을 하니 우리 집이 갑자기 새집이 된 기분이었고 온 가족이 기뻐했었다. 누님도 평소에 모친이 추운 겨울에 찬 강물에 손을 담그시고 빨래하는 모습이 늘 마음에 걸리셨던 것 같았다. 누님은 결혼해서 서울로 가셨는데 서울에 가니까 물론 좋은 것도 많았겠지만 가장 먼저 눈에 들어오는 것이 고무장갑이었다고 한다. 그 당시 진주에는 고무장갑이 없었던 것 같다. 누님은 늘 맨손으로 찬물에 빨래하시는 모친이 생각나서 고

무징깁을 보사 바로 몇 컬레를 구입해서 진주의 모친께 보내드릴 정도로 효녀시다.

형님은 평생 고등학교에서 교편을 잡으셨고 정년퇴임을 하셨지만 아직도 매일 출근하셔서 고등학생들의 생활 지도를 도와주신다. 바로 아래 아우는 우리나라 대표 화장품 회사인 태평양화학의 공장장과 우리나라 녹차의 대표격인 설록차를 생산하는 장원산업 대표이사를 10여 년 역임했으며 지금은 한국녹차연합회 회장직을 맡고 있다. 막내 아우는 우리나라 최고의 제철회사인 포항제철에서 공장장과 계열회사인 ㈜ 화남 테크 사장을 역임했다.

우리 부모님의 기도와 사랑으로 우리 오남매는 각기 다른 분야에서 자신의 몫을 다했다고 보며 이것은 조모님과 부모님의 기도 덕분이라고 생각한다. 부친이 먼저 돌아가시고 모친을 아들들 집에 모셔야 할 때가 되었는데 아내가 당연히 우리가 모시자고 쾌히 동의해 주어서 약 3년간 우리 집에 모시고 살 수 있어서 나는 참 행복했다. 매일 출근할 때마다 모친께 인사드리고 나가고 퇴근 후에는 함께 식사도 하고 산책도 했는데 마치 50, 60년 전 진주에서의 생활로 돌아간 듯했다.

모친 생신 때는 오남매, 사위, 며느리, 손주 등 20여 명이 모여서 생신을 축하하며 가족 간에 사랑을 나누었다. 내가, 아니 우리 형제자매가 정말로 감사해 하는 사람은 내 아내다. 아내는 모친을 마치 친정 어머니를 모시듯 했고 너무나 자연스럽고 편하게 해드렸다. 지금은 모친이 뇌졸중으로 행동이 부자유하게 되셔서 집에서 모실 수 없는 상황이라 가까운 재활 병원에 계시는데 현실적으로는 선택의 여지가 없는 일이지만 내 마음이 편하지 못하고 늘 아프다.

부모님은 자식이 아프고 혼자 가누지 못하면 어떤 상황 속에서도 끼고 돌보아주시는데 자식은 부모가 혼자 자신을 가누지 못하면 같이 있지 않고 시설에 맡기는 현실을 보면서 늘 마음속에 죄송함이 크다.

# 자녀 교육 이야기

하나님은 우리 가정에 정말 사랑스러운 두 딸을 주셨다. 우리 가족은 방배동에 살면서 자녀들을 교육시켰다. 딸들은 자라면서 우리 부부에게 특별히 염려나 걱정을 하게 해준 기억이 없고 학교도 잘 다니고 아주 순종하는 타입이었다. 큰 딸 경희가 고1이 될 때쯤에는 사업도 어느 정도 안정되었고 회사의 규모도 제법 커져서 아이들을 유학 보낼 정도로 경제적으로 여유가 생겼다. 큰 딸에게 미국 유학을 갈 생각이 있느냐고 물었더니 보내 달라고 하기에 미국으로 유학을 보내기로 결정했다. 그때 나의 사촌 여동생이 LA에 살고 있어서 여동생 집으로 보냈다.

나는 큰 애를 미국에 두고 오면서 많이 울었다. 미국생활을 잘 해낼지, 학교에 잘 적응할지, 가족 없이 혼자 지내느라 외롭지는 않을지 걱정이 한두 가지가 아니었다. 그래서 시간이 나는 대로 아내와 미국으로 건너가곤 했다. 다행히 큰 딸은 미국생활에 잘 적응해 나갔다. 하지만 유학 간 지 꼭 1년 만에 큰 딸이 나에게 "아빠, LA는 한국 사람이 너무 많아서 영어 배우는 것이 느리니 동부로 가고 싶다."고 말하는 것이었다.

마침 처가쪽 조카가 프레드릭스버그에서 목회를 하고 있었는데 그곳은 조그마한 소도시라 한국인이 그리 많지 않았다. 그래서 동부로 보내기로 결정을 했다. 큰 딸은 나에게 미국에 와보니 자기는 좀 늦은 것 같다는 생각이 든다며 동생이 유학을 오겠다고 하면 가능한 한 빨리 보내시는 것이 좋겠다는 제안을 했다. 나는 둘째의 미국 유학 문제를 상의하기 위해 둘째의 학교로 담임선생님을 만나러 갔다. 내가 둘째 딸의 미국 유학 건을 상의드렸더니 선생님께서는 부모님이 유학을 보낼 여유만 되신다면 괜찮다고 하셨다. 우리 부부는 둘째도 같은 지역으로 유학을 보내기로 결정하고 아내와 함께 둘째 딸을 데리고 미국으로 향했다.

지금도 생각을 해보면 모든 것이 정말 하나님의 인도하심이었다. 두 딸이 다니게 된 프레드릭스버그 크리스천 스쿨은 정말 시골학교로 한국인 학생은 우리 딸들이 처음이었다. 학교 측에서는 영어를 잘 못하는 외국인에게 처음으로 입학을 허가했기 때문에 각별하게 배려해 주었다. 다행히 두 딸은 외로운 가운데서도 미국생활에 잘 적응해 주었다. 특히 학교 교장으로 있던 테일러 씨에 대한 감사함을 잊을 수 없다. 작은 애가 영어가 짧으니 바로 수업을 들을 수가 없었는데 교장 선생님이 일 대 일로 불러서 하나씩 세심하게 가르쳐주었다. 교장 선생님이 한 명의 학생에게 시간을 할애하여 공부를 도와주는 것은 참 쉽지 않은 일인데 우리 딸은 좋은 선생님을 만난 행운아였다. 게다가 교장 선생님은 우리 딸들을 자기 집에 하숙할 수 있도록 해주어서 두 딸이 졸업할 때까지 교장 선생님 집에서 안전하게 지낼 수 있었고 영어도 빨리 배울 수 있었다. 지금도 기억에 남는 것은 연말에 보내주는 학생 기록부(둘째는 중2로 영어 소통이 거의 안 되는 수준이었음)의 선생님 코멘트난(한국은 대부분 학생의 부족한 점을 지적)에 "그레이스Grace는 웃는 모습이 예쁘다."라고 적혀 있었다. 좋은 점을 발견해서 이야기해 준 것이 참 감동적이었다. 정말 하나님의 은혜로 두 딸이 공부도 열심히 하고 잘 적응했다.

우리 부부는 해마다 두 번 정도씩 딸들을 만나러 미국을 드나들었다. 내가 들은 이야기로는 한국에서 미국으로 유학을 가는 학생들 중 약 1/3은 현지에 적응을 못해 중도에 귀국하고, 약 1/3은 좋지 않은 길로 가서 예정된 학업을 마치지 못하며, 겨우 1/3 정도만 학업을 제대로 마치고 대학에 진학을 한다고 한다. 하나님의 도우심으로 우리 두 딸은 마지막 1/3에 속했다. 우리 부부는 두 애들 졸업식에 참석해 감동을 받았다. 큰 딸의 졸업식에 참석했을 때의 일이다. 50여 명의 남녀 학생들이 강단에 등단을 하는데 40여 명의 학생들은 블루 후드를 착용하고 우리 딸을 포함해 10여 명의 학생들은 옐로 후드를 착용하고 나오는 것이었다. 좀 이상하긴 했지만 나는 그 학교가 시골의 작은 학교라 같은 색의 후드가 부족해서 그런가 보다고 생각했다. 나중에 물어보니 큰 애가 우등생으로 졸업했으며 우등생은 옐로 후드를 착용한다는 것을 알게 되었다.

둘째 딸의 졸업식에서는 또 다른 감동이 있었다. 졸업식 순서지에 보니까 둘째 딸 경미의 이름이 나와 있었다. 우리 부부는 경미 이름이 나와 있는 것을 보고 깜짝 놀랐다. 미국의 졸업식에서는 졸업생 중에서 두 명 정도가 대표로 선발되어 식에서 어떤 역할을 맡게 된다. 공부에서 1등한 졸업생과 동기생들 중에서 가장 인기 있는 졸업생이 선발되는데 놀랍게도 둘째 딸 경미가 동기생들에게 가장 인기 있는 학생으로 선발되어 졸업식에서 졸업생 대표로 노래를 하게 된 것이다. 그 기쁨은 말로 다할 수 없을 정도였고 하나님께 감사했다. 둘째 딸은 엄마를 닮아서인지 노래 솜씨가 거의 프로 수준이며 가족들의 결혼식에 초대 가수로 등장해 노래를 부르곤 한다.

큰 딸은 미네소타에서 로 스쿨을 졸업한 후 미국 청년과 결혼해 슬하에 1남 2녀를 두고 있으며 지금은 미국 시애틀에서 변호사로 있다. 둘째 딸은 시애틀 퍼시픽 대학SPU을 졸업한 후 아들과 같이 든든한 청년과 결혼해 슬하에 1녀를 두고 있으며 현재 수지에서 영어 학원을 운영하고 있다.

# 신앙 이야기

내가 걸어 온 길을 뒤돌아보면, 나의 모든 삶 속에서 때를 따라 돕는 은혜를 베푸신 하나님의 놀라운 은혜와 크신 사랑을 빼놓고는 할 이야기가 거의 없는 것 같다. 앞서도 잠시 언급했지만 우리 가정은 하나님께 택함을 받았다. 조모님을 통해 복음이 우리 가정에 뿌리를 내렸고 부모님, 우리 세대, 우리 자녀, 손주에 이르기까지 5대째 믿음의 뿌리가 자라나고 있다.

나는 주일 학교 출신이지만 대학을 다닐 때는 교회 출석을 하지 않았다. 당시 나는 하나님을 부인하지도 기독교를 싫어하지도 않았지만 바쁘다는 이유로 매주 교회를 나가지는 않았다. 대신 세상일에서 좀 한가해지는 50세쯤 되면 열심히 교회 출석을 하겠다고 생각하고 있었다. 하지만 그것은 내 생각이었고 하나님의 계획은 따로 있었다.

나는 1978년도에 서울로 올라와서 방배동에 아파트를 구입했고, 그 아파트 앞 동에 사시는 공군 조종사셨던 백남철 장로님을 만나게 되었다. 그분과 종종 만나서 테니스를 했는데 지금 생각해 보면 나를 향한 하나님의 계획은 천천히 그러나 빈틈없이 진행 중이었다. 백남철 장로님은 성민교회를 시무하시는 믿음이 참 좋은 분이셨다. 1978년 5월, 아내와 같이 백남철 장로님의 인도로 신현균 목사님이 개척하신 성민교회에 등록을 하게 되었다. 신현균 목사님은 설명이 더 필요치 않은 한국의 대표적인 부흥사시요, 많은 사람들에게 긍정적인 믿음을 심어주시고 수많은 목회자를 길러 내신 참 귀한 목사님이시다.

내가 오늘의 신앙을 가질 수 있었던 것도 신현균 목사님의 기도와 사랑과 격려가 아주 큰 몫을 차지하고 있음을 부인할 수 없다. 나는 성민교회에 출석을 하고 약 40년을 섬기고 있는데 나에게 좋은 신앙의 길을 인도해 주신 분이 너무나 많지만 그분들의 이름을 일일이 열거할 수 없기에 특히 세 분의 귀한 신앙의 선배님 이야기를 하려고 한다.

첫 번째 분은 고(故) 신현균 목사님이시다. 신현균 목사님은 나를 참 사랑해 주셨다. 잠자던 나의 신앙을 깨워 주셨고 믿음을 심어주셨다.

두 번째 분은 내가 존경하는 김형덕 장로님이시다. 내가 김 장로님을 처음 뵈었을 때 김 장로님께서는 당시 우리나라 대표 섬유회사인 충남방적 사장님으로 계셨고 그때 나는 대우실업 과장으로 근무를 할 때라 사회적으로 본다면 쉽게 어울리거나 만날 수 없는 분이셨다. 그런데 어찌된 일인지 김 장로님은 교회에서 만나면 반가워하시며 나를 가까이 해 주셨고 매주 예배 후에 식사도 같이하고 함께 시간을 보내곤 했다. 사모님이신 최미연 권사님께서도 우리 부부를 무척 사랑해 주셨고 우리 두 딸이 초등학교 다닐 때였는데 아주 귀여워해 주셨다. 당시 김 장로님은 세 아들이 모두 미국에 가 있었는데 멀리 떨어져 있는 아들들이 보고 싶지만 자주 사실 수 없으니 나를 아들처럼 생각하시고 귀여워해 주신 것이 아닐까 생각한다. 김 장로님과 최 권사님 두 분의 인품과 성품과 신실한 믿음은 지금까지 만나 뵌 분들 중에서 내가 가장 본받고 싶은 귀한 분들이다. 김 장로님이 소천하시어 서울대 분당 병원에서 장례를 치를 때 세 아들이 미국에서 도착하기 전까지 내가 상주 자리를 지켰다. 요즘도 가끔 김 장로님 생각을 하면서 나도 김 장로님과 같은 인품과 성품과 신실한 믿음을 가질 수 있다면 좋겠다는 생각을 하곤 한다. 최 권사님은 다행히 우리 집 근처에 사셔서 지금도 가끔 뵙는다.

세 번째 분은 앞서 언급한 백남철 장로님이시다. 백 장로님은 항상 원칙에 충실하시며 올곧은 신앙을 가진 분이시다. 성민교회 장로를 하시다가 신학을 하셨고 최근까지 목회를 하셨다. 지금도 백 목사님은 나의 신앙의 멘토시며 형님처럼 생각한다. 성민교회에 출석해 믿음이 조금씩 자라고 교회생활도 열심을 더해 10여 년간 주일 학교에서, 10여 년은 성가대로 봉사하면서 성민교회와 함께 40여 년을 지내고 있다. 하나님은 부족한 나를 1987년에 장로로 택해 주셨다. 내가 생각해 봐도 나는 장로로 피택받기에는 모든 면에서 부족한데 하나님이 나의 어떤 모습이 마음에 드셔서 장로로 택하셨는지 모르겠다.

신 목사님과는 좀 색다른 인연이 있었다. 장로가 되고 약 2년이 된 시기였다. 당시에 신현균 담임목사님이 한국 기독교 총회에 총회장으로 출마를 하실 계획이 있었다. 나는 교계의 일들에 익숙하지 않아서 총회장이 어떤 직책인지 또 주로 어떤 일을 하는지 잘 몰랐다. 하루는 당회를 하는데 신 목사님이 총회장으로 출마하실 의사를 표시하고 당회에 물으셨는데 선배 장로님들도 다 동의를 하시니 초임인 나는 아무런 의견 없이 동의를 했다.

그런데 그 다음이 문제였다. 신 목사님은 총회장으로 출마하려면 예산이 2억 정도 필요한데 자신이 1억 정도는 부담을 하겠으니 교회에서 1억을 지원해 달라는 말씀을 하셨다. 나는 전혀 이해를 못했다. 총회장 출마에 돈이 왜 필요한지를 몰랐다. 나는 신 목사님께 총회장 출마에 왜 2억이라는 돈이 필요한지 여쭈었다. 신 목사님은 웃으시면서 김 장로는 초임이라 잘 모르겠지만 그런 직책은 추천하고 박수로 결정할 자리가 아니며 대통령도 만날 수 있는 자리인 만큼 경쟁자가 있어서 꼭 비용이 든다는 것이었다. 나는 신 목사님께 다시 한 번 목회자는 하나님을 만나고 그분을 위해 일하면 되는 것이지 대통령 만나는 것이 무슨 그리 대단한 일이냐고 여쭈었다. 아마 신 목사님은 그 당시 내 말에 많이 섭섭하셨을지 모른다. 그런 다음 나는 신 목사님께 분명하게 반대 의사를 표시했다.

나는 그때 신임 장로였고 주류를 이루시던 선배 장로님들의 결의로 신 목사님의 총회장 출마에 1억을 후원하기로 했다. 그 후 약 2개월 뒤 신 목사님이 나에게 만나자는 연락을 주셔서 잠시 만나 뵈었다. 신 목사님은 곰곰이 생각해 보니 돈을 써 가면서 총회장에 출마한다는 것이 그리 바람직한 일은 아니라는 생각이 들어 출마를 포기했노라고 말씀하셨다. 나는 신 목사님께 다소 무례했음을 사과드리며 잘하신 결정이라고 칭찬 아닌 칭찬을 해드렸다. 그 일이 있은 후 신 목사님과 더 친밀해졌으며 신 목사님도 나의 의견을 많이 존중해 주셨다.

지난 30여 년간 성민교회 장로로 교회를 섬기는 기쁨을 주심은 온전

히 하나님의 은혜로 생각하니 한없는 감사를 드린다. 함께 신앙생활을
한 수많은 성도님들께도 깊은 감사를 드린다. 또한 2012년 시니어 한국
을 통해 노후에 봉사할 길을 열어주심에도 감사드린다. 시니어 한국 선교
단체가 서울지역 1차 교육을 실시하는데 성민교회에서 시작하게 되었다.
내가 삼호물산의 임원으로 있을 때 한성기업의 CEO로 최철희 사장님이
계셨는데 회의 때 종종 만나 친교를 했었다. 그 후 거의 20여 년을 서로
만나지 못했는데 뜻밖에도 시니어 한국에 강사로 오셨다. 무척이나 반가
웠으며 알고 보니 선교사로 20여 년을 봉사하셨다고 한다. 12주간의 교
육을 마치고 시니어로서 무슨 봉사를 할까 생각하고 있던 중에 최철희
선교사가 나에게 좋은 선교 단체를 소개해 주겠다 하여 그분을 믿기에
나는 영문도 모르고 따라갔다. 그곳은 양재동에 있는 한국 WEC(웩)이었
고 사무실에서 박경남 본부장과 여러 분의 선교사들을 만나게 되었다.
박경남 선교사가 사무실 곳곳을 소개한 후 마지막으로 식당으로 안내하
면서 실은 식당에 봉사할 손이 필요하다고 말했다. 박 선교사는 처음 만
남이므로 그냥 현 상태를 이야기한 것이지 특별한 기대나 부탁으로 한 것
은 아니었다.

그런데 박 본부장의 부탁이 나의 마음에 새로운 도전을 주었다. 하지
만 나는 요리를 할 줄 모르고 식당과 관련된 봉사를 한 경험도 없는 터
라 부담이 되었다. 더구나 내가 어떤 역할을 해야 할지 특별한 생각이나
계획도 없었다. 당시에 나는 3남선교회 회장으로 있을 때다. 월례회를
진행하면서 광고 시간에 WEC을 다녀온 이야기와 식당 봉사자가 필요
하다는 광고를 했다. 그런데 기적 같은 일이 일어났다. 월례회를 마치자
마자 안창섭 집사님이 나를 잠시 만나자고 하더니 기도 응답을 받았다

고 하는 것이 아닌가! 나는 영문도 모르고 안 집사님께 무슨 응답을 받았냐고 하니까 실은 안 집사님이 최근에 요리사 자격증을 취득했고 이 나이에 식당에 일하러 가는 것보다는 선교 단체에서 봉사를 하겠다고 기도를 시작했는데 오늘 내가 말하는 것을 듣고 기도의 응답이라는 확신이 든다고 하는 것이었다. 참으로 신기하고 놀라운 일이다. 하나님은 우리가 전혀 상상도 못하는 일을 준비하고 계셨다. 요리사 문제가 해결되었으니 봉사가 가능해졌다.

2013년 2월 마지막 주부터 성민 봉사단의 집사님(안창섭, 이문기, 임형조, 이부열 집사님)과 매주 수요일에 점심 봉사를 시작했는데 감사하게도 봉사를 시작하면서 예기치 않은 기쁨을 맛보았다. 집사님들이 각자 자기와 가장 친한 집사님들을 한 분씩 모시고 오신 것이었다. 그러다 보니 6년이 지난 지금에는 참가 인원이 세 배가 되어 총 열네 명이 함께 기쁜 마음으로 봉사를 하고 있다. 모든 봉사자 분들이 WEC의 기본 정신과 WEC 선교사들이 정말 주님만 의지하고 믿음 위에 굳게 서서 선교에 전력을 다하시는 모습을 보면서 도전과 감동을 받고 있으며 덤으로 봉사를 통해 많은 기쁨을 누리고 있다. 나는 2013년 3월부터 한국 WEC에 이사로 부르심을 받고 여러 이사님들과 함께 한국 WEC을 통해 주님을 섬기고 있다. 특히 감사한 일은 WEC 봉사단의 봉사를 통해 주님 사랑의 마음이 더 강해졌으며 WEC 봉사 5주년을 맞는 시점에 성민 시니어 봉사단을 시작하게 하시고 현재 열여섯 분으로 구성된 봉사단이 결성되어서 내년부터는 해외 봉사를 할 꿈과 비전을 주셨다.

주님께서 성민 시니어 봉사단을 통해 하시고자 하는 귀한 일들을 잘 감당하도록 도와주시고 더 많은 성도님들의 참여가 계속 이어지기를 기노한다. 그리고 뜻을 같이하는 분들과 제3국에 봉사할 수 있도록 기도하고 있다.

나는 교회에 다니면서 다른 분들처럼 전도에 열정적이지는 못했다. 그러나 한 가지는 내가 빠지지 않고 했다. 나는 주로 큰 회사에서 근무를 했으므로 동료, 후배들이 해외 지사로 나가는 경우가 많이 있었다. 그때마다 내가 출국 선물로 새 성경을 한 권씩 사주곤 했다. 그중에 하나님이 거두신 큰 결실도 있다. 나의 대학 동창 중에 황순종이라는 참 좋은 친구가 있다. 내가 1967년도에 수산대학에 입학한 뒤 50년간을 가깝게 지낸 친구로 학생 때는 그 친구의 집에도 종종 간 기억이 있다. 갈 때마다 친구 어머님은 경상도 말로 "아이고, 내 새끼 왔구나." 하시면서 무척이나 반가워하시며 정성껏 밥상을 차려주셨다. 그 밥상에는 늘 사랑이 듬뿍 담겨 있었다.

1883년으로 기억된다. 황순종 친구는 한성기업에 임원으로 있었는데 아르헨티나 지사장으로 발령이 났다. 나는 평소에도 그 친구에게 교회를 가자는 이야기는 별로 하지 않았다. 그러나 하던 대로 출국 직전에 성경책을 선물했다. 몇 년 후에 보니 그 친구가 교회에 열심히 나가는 교인이 되어 있었을 뿐만 아니라 아르헨티나의 한 교회에서 장로로 교회의 기둥 같은 일꾼이 되어 있었다. 나는 사랑하는 친구를 하나님의 자녀로 택하시고 장로의 반열에 서게 해주신 하나님께 감사를 드렸다.

# 앞으로 나의 꿈

"꿈이 없는 20대는 80대의 노인과 같고, 꿈이 있는 80대는 20대의 젊은이와 같다."는 말이 있다.

내가 일하는 분야는 무역 분야라서 육체적으로 힘든 직업은 아니다. 나이에 별로 영향을 받지도 않는다. 요즘의 해외 무역 파트너들은 대부분 아들 나이 또래다. 나보다 나이가 많은 파트너는 드문 편이다. 그러나 서양인들은 동양인들보다 나이에 크게 신경을 쓰지 않는다. 내가 자기들보다 나이가 많다는 것은 알지만 나 또한 나이가 많음을 가능한 한 나타내려고 하지 않는다. 또 나를 "미스터 김"이라고 부르기보다 그냥 "김"이라고 부르라고 하면 좋아하면서 "하이 김Hi Kim!"이라고 부른다. 나는 앞으로도 최소한 10년 이상은 현직에서 일하고 싶다. 아니 여건만 허락되면 은퇴 없이 일하고 싶은 것이 솔직한 심정이다. 이런 나를 "노망 들었다!"고 평하지 말아주길 바란다.

나는 일하는 것이 행복한 사람이다. 남자가 집에 있으면 괜한 잔소리를 하게 되고 아내에게 짐이 될 수 있다. 나는 평소에도 내가 하고 싶은 일들을 노트에 기록하고 자주 들여다보면서 계획한 일들을 하나씩 이루려고 한다.

간단히 소개하자면,

- 산티아고 800킬로미터 둘레길 걷기(2019년 9~10월로 결정하고 준비 중임)
- 알프스 둘레길
- 네팔의 히말라야 둘레길 걷기
- 자동차로 미국 일주하기(50일 코스로 동창 황 장로와 준비 중임)
- 아내의 칠순에 크루즈 여행하기(자녀 가족과 손주 동반)
- 시베리아를 철도로 횡단하기(이 여행은 곧 할 수 있을 것 같음)
- 오스트리아 할슈타트에 일주일 머물기
- 그리스, 터키 방문하기
- 이탈리아, 스위스, 오스트리아 3개국 방문하기
- 핀란드, 스웨덴 여행하기
- 체코, 크로아티아 여행하기 등

나는 출장으로 남미(아르헨티나, 페루, 칠레 등)를 17차례 다녀왔다. 그런데 아내와는 아직 남미에 같이 갈 기회가 없었다. 내가 이따금 남미 이야기를 하면 아내는 꼭 한 마디씩 한다. "나는 아직 남미를 가본 적이 없다."고. 2~3년 내에는 꼭 아내와 같이 남미를 다녀와야 할 것 같다.

내가 계속 기도하며 준비 중인 것은 시니어 봉사다. 대부분의 한국 사람들은 60세가 지나면 백수가 된다. 그러나 60세는 건강도 좋고 얼마든지 활동할 수 있는 나이다. 농담으로 "60은 노인정에도 못 간다."고 한다. 심부름만 한다고. 남자나 여자나 특별한 일 없이 시간을 보내는 것은 참 답답한 일이라고 생각한다. 아무리 취미생활이 좋아도 취미도 가끔 해야 취미지 취미생활이 일상이 되는 것은 갑갑하다. 좋아하는 등산이나 낚시, 골프도 일주일에 한두 번이 좋지 매일 가는 것은 내키지 않는다.

내가 바라는 것은 재능 기부다. 하나님은 우리에게 각각 다른 재능을 주셨다. 이제 우리 나이쯤 되면 자식들도 다 컸고 일도 손에서 놓았으며 남은 기간은 재능 기부의 기간이라고 본다. 우리가 찾아보면 가서 도울 기회는 많이 열려 있다.

노인정, 독거노인, 어린이 돌봄 등…….

관심을 가지고 있으면 얼마든지 봉사할 기회가 있음을 알게 된다. 하나님도 "주는 자가 받는 자보다 복되다"고 하셨다.

나는 금년 말에 성민교회에서 은퇴를 하게 되는데 성민교회 시니어 분들과 봉사 기회를 많이 가지기를 원한다. 혹시 나와 뜻을 같이하여 시니어 봉사로 함께 더 값어치 있는 노후를 보내는 기쁨을 누릴 새로운 동역자가 있기를 시니어 봉사단을 축복하시고 지속적으로 좋은 동역자를 준비하고 계시고 때를 따라 예비하신 일꾼을 보내 주시는 주님을 믿고 기도하는 중이다.

## 자녀들에게

나는 하나님이 우리 가정에 사랑하는 자녀 주심을 항상 감사한다. 우리 자녀들은 우리 부부의 마음을 아프게 한 기억이 거의 없다. 항상 순종하며 우리에게 기쁨을 주었다. 10년 이상의 쉽지 않은 미국에서의 유학생활을 무사히 마치고 자신이 원하는 배필을 만나서 아름다운 가정을 이루었으며 너무나 사랑스러운 손주를 네 명이나 선물해 주었고 각자의 분야에서 열심히 활동하고 있으며 우리 부부에게 늘 사랑을 주니 감사한 일이다.

우리 부부가 바라고 기도하기는,

우리 자손들이 항상 하나님을 전적으로 신뢰하고
늘 믿음 안에서 생활하며
주님의 말씀을 늘 깊이 묵상하며

주님의 인도하심에 순종하기를 바란다.
어떠한 상황에서도 두려워하거나 낙심하지 않고
항상 긍정의 마음을 유지하며
하나님이 항상 우리와 함께하심을 믿고
범사에 감사한 삶을 살길 원한다.

가족과 형제와 늘 사랑을 나누며
어려운 이웃을 만나면 외면치 말고 도와주고
항상 겸손과 온유한 마음을 가지고
불의에 굴하거나 타협하지 않고
자신의 소신과 신념을 지키되 극단을 피하며
하나님이 명하시는 정도를 걷길 바란다.

나와 내 가족만을 생각하는 편협함보다는
주님이 주시는 지혜와 분별력을 가지고
이웃과 사회와 나라를 생각하며
내가 속한 곳에서 내가 어떤 부분을 담당할지
늘 생각하며 주어진 소임을 다 하도록 하기를 바란다.

항상 배움의 자세를 유지하며
모든 면에서 절제된 삶을 살며
늘 자신을 돌아보며
나에게 잘못됨이나 부족함이 있는지 살피며

나의 유익보다는
더 가치 있는 일에 시간을 할애하길 바란다.
나의 생각을 말하기 전에
상대의 의견에 귀 기울이며
모두에게 합당한 최선의 방안을 찾도록 기도하며
상대를 배려하는 성숙함을 유지하길 바란다.

세상이 주는 기쁨을 찾기보다는
하나님이 주시는 기쁨을 더 소중하게 여기고
주님의 음성에 늘 귀 기울이며
항상 기도하는 삶을 유지하길 바란다.